JN113584

行知学園教育叢書

EJU

日本留学試験対策
模擬試験問題集

数学
コース2

MATHEMATICS COURSE 2

EXAMINATION FOR JAPANESE UNIVERSITY ADMISSION FOR INTERNATIONAL STUDENTS

はじめに

日本留学試験（EJU）は，日本の大学に入学を希望する留学生を対象とした共通試験です。大学等で必要とされる日本語力及び各科目の基礎学力を評価することを目的とし，通常，年に 2 回実施されます。

日本留学試験では，基礎的な知識だけでなく，総合的な考察力や思考力が必要となります。また，限られた時間の中ですばやく正解にたどり着くための読解力や判断力も要求される上に，マークシート形式という独特な解答形式に慣れる必要もあります。このような試験で高得点をとるためには，日本留学試験と同じ形式で出題された良質の問題に数多く接することが効果的です。

本書は，上記のような点を踏まえ，過去にEJUで出題された問題を徹底的に研究・分析した上で作成された模擬試験の問題集です。形式・内容・レベルにおいて実際の試験に近い問題が全10回分収録されており，本番さながらの試験に数多くチャレンジすることができるようになっています。また巻末には正解だけでなく略解も付いています。本書を活用することによって，学力の向上とともに，揺るぎない自信を身につけることができるでしょう。

この『日本留学試験（EJU）対策 模擬試験問題集』シリーズ及び行知学園発行の姉妹書を徹底的に学習して，皆様が希望通りの未来に進み，ご活躍をされることを願います。

2024年 4 月

行知学園

本書について

留学生のための進学予備校である行知学園は，これまで日本留学試験（EJU）に出題された問題を分析し，留学生の皆さんがどのように学習すれば試験に対応できる実践力，実力をつけられるかを研究してきました。本書は，その永年にわたる研究の成果を盛り込んだ問題集です。

▶ 日本留学試験の「数学コース２」について

日本留学試験の出題科目は

日本語／理科（物理・化学・生物）／総合科目／数学

の４科目です。

「数学」はさらに

数学コース１	文系学部及び数学を必要とする程度が比較的少ない学部・学科のための試験
数学コース２	数学を高度に必要とする学部・学科のための試験

にわかれます。受験者は，志望大学の学部・学科の指定に従って，どちらか一方を選択する必要があります。

数学コース１もコース２もともに，次のような時間や形式で試験が行われます。

試験時間：**80分**

解答用紙：**マークシート形式**

問題数　：**計６題**

数学コース２の出題範囲は，次の18項目です。

1．数と式
2．２次関数
3．図形と計量
4．場合の数と確率
5．整数の性質
6．図形の性質
7．いろいろな式
8．図形と方程式
9．指数関数・対数関数
10．三角関数
11．微分・積分の考え
12．数列
13．ベクトル
14．複素数平面
15．平面上の曲線
16．極限
17．微分法
18．積分法

また，問題で用いられる記号や用語は，日本の高等学校の標準的な教科書に準じています。

▶ 本書の構成と使い方

・模擬試験10回分

EJUの模擬試験を10回分掲載しました。本番と同様の80分の試験を10回体験できます。

問題は，EJUの出題傾向（構成や問題数，難易度）や出題形式に合わせて作成しました。EJUの数学コース２は18の出題項目から計６題が出ますが，必ずしも前述の１～18の順番で，同じ重要度や頻度で出題されるわけではありません。本書を繰り返し解き，出題傾向やパターンを把握しましょう。

・正解／略解・解答方針

問題を解いたら，必ず「正解」と照らし合わせましょう。「略解」は解答過程の一部や，適用する公式を示したものです。途中の簡単な計算や，値を代入した式は省略していますが，自力で省略された部分を補いながら最後まで実際に解いて復習しましょう。模範的な解答方法を最初から最後までなぞって真似してみることが，数学の実力をつけるための近道です。

▶ マークシート記入上の注意点

1．解答は，解答用紙（マークシート）に鉛筆（HB）で記入します。

2．問題文中のA，B，C，…には，それぞれ－（マイナスの符号），または，０から９までの数が１つずつ入ります。適するものを選び，解答用紙の対応する解答欄にマークします。

3．同一の問題文中に [A]，[BC] などが繰り返し現れる場合，２度目以降は，[A]，[BC] のように表しています。

4．解答に関する記入上の注意

① 根号（$\sqrt{\ }$）の中に現れる自然数が最小となる形で答えます。
（例：$\sqrt{32}$ のときは，$2\sqrt{8}$ ではなく $4\sqrt{2}$ と答えます。）

② 分数を答えるときは，符号は分子につけ，既約分数（reduced fraction）にして答えます。
（例：$\frac{2}{6}$ は $\frac{1}{3}$，$-\frac{2}{\sqrt{6}}$ は $\frac{-\sqrt{6}}{3}$ と答えます。）

③ $\dfrac{\boxed{AB}\sqrt{\boxed{C}}}{\boxed{D}}$ に $\dfrac{-4\sqrt{2}}{3}$ と答える場合は，
右のようにマークします。

【解答用紙】

A	●	0	1	2	3	4	5	6	7	8	9
B	−	0	1	2	3	●	5	6	7	8	9
C	−	0	1	●	3	4	5	6	7	8	9
D	−	0	1	2	●	4	5	6	7	8	9

目 次

模擬試験

第1回

I

問1　a，b を定数とし，2 次関数

$$y = ax^2 - 6ax + 2b \qquad \cdots\cdots \quad ①$$

を考える。

(1)　$a < 0$ のとき，①の $2 \leqq x \leqq 5$ における最大値が 28，最小値が 16 となるような a，b の値を求めよう。

このとき，①は

$$y = a\left(x - \boxed{\mathbf{A}}\right)^2 - \boxed{\mathbf{B}}\,a + \boxed{\mathbf{C}}\,b$$

と変形できるから

$$x = \boxed{\mathbf{D}} \text{ のとき，最大値 } 28$$
$$x = \boxed{\mathbf{E}} \text{ のとき，最小値 } 16$$

をとる。

よって

$$a = -\boxed{\mathbf{F}}, \quad b = \frac{\boxed{\mathbf{G}}}{\boxed{\mathbf{H}}}$$

である。

(問 1 は次ページに続く)

(2) 次の文中の **I** ， **J** には，下の選択肢⓪～⑧の中から適するものを選びなさい。また，その他の ___ には適する数を入れなさい。

2 次関数 $y = -2x^2 - 4x + 1$ のグラフを原点に関して対称移動して得られる曲線を表す方程式は **I** である。

これをさらに，x 軸方向に 2，y 軸方向に -1 だけ平行移動して得られる曲線を表す方程式は **J** である。

J が①と一致するとき

$$a = \boxed{\text{K}},\quad b = \boxed{\text{L}}$$

である。

⓪ $y = -2x^2 + 4x + 1$　① $y = -2x^2 + 4x - 1$　② $y = -2x^2 - 4x - 1$

③ $y = 2x^2 + 4x$　④ $y = 2x^2 + 4x + 1$　⑤ $y = 2x^2 + 4x - 1$

⑥ $y = 2x^2 - 4x - 1$　⑦ $y = 2x^2 - 12x + 14$　⑧ $y = 2x^2 - 12x + 16$

注）対称移動：symmetric transformation

問 2　1 から 9 までの数字がそれぞれ 1 つずつ書かれた 9 枚のカードの中から同時に 3 枚のカードを取り出す。

取り出した 3 枚のカードの組合せは全部で **MN** 通りある。

(1)　3 枚のカードに書かれた数字の和が 21 以下となる確率は $\dfrac{\boxed{\textbf{OP}}}{\boxed{\textbf{QR}}}$ である。

(2)　3 枚のカードに書かれた数字の積が 3 の倍数となる確率は $\dfrac{\boxed{\textbf{ST}}}{\boxed{\textbf{UV}}}$ である。

(3)　3 枚のカードに書かれた数字の積が 4 の倍数となる確率は $\dfrac{\boxed{\textbf{W}}}{\boxed{\textbf{XY}}}$ である。

— 計算欄（memo）—

| I | の問題はこれで終わりです。 | I | の解答欄 | **Z** | はマークしないでください。

Ⅱ

問 1　三角形ABCにおいて，AB＝6，$\cos\angle A=\dfrac{1}{5}$，$\cos\angle B=\dfrac{5}{7}$を満たしている。三角形ABCの垂心をHとする。ただし，三角形の垂心とは，各頂点から対辺またはその延長に下ろした垂線の交点である。

このとき，線分CHの長さを求めよう。

(1)　次の文中の **A** ～ **C** には，下の選択肢⓪～⑨の中から適するものを選びなさい。また，その他の □ には適する数を入れなさい。

まず

$$\sin\angle A=\boxed{\mathbf{A}},\quad \sin\angle B=\boxed{\mathbf{B}},\quad \sin\angle C=\boxed{\mathbf{C}}$$

である。

次に，正弦定理により，三角形ABCの他の2辺の長さはそれぞれ

$$CA=\boxed{\mathbf{D}},\quad CB=\boxed{\mathbf{E}}$$

であり

$$\overrightarrow{CA}\cdot\overrightarrow{CB}=\boxed{\mathbf{FG}}$$

である。

⓪	$\dfrac{\sqrt{6}}{5}$	①	$\dfrac{2\sqrt{6}}{5}$	②	$\dfrac{\sqrt{6}}{6}$	③	$\dfrac{\sqrt{6}}{7}$	④	$\dfrac{2\sqrt{6}}{7}$
⑤	$\dfrac{\sqrt{6}}{3}$	⑥	$\dfrac{4\sqrt{6}}{35}$	⑦	$\dfrac{6\sqrt{6}}{35}$	⑧	$\dfrac{11\sqrt{6}}{35}$	⑨	$\dfrac{12\sqrt{6}}{35}$

（問 1 は次ページに続く）

(2) 次の文中の **H** ， **I** には，下の選択肢⓪～⑨の中から適するものを選びなさい。

点 C から直線 AB に下ろした垂線の足を D とすると

$$\overrightarrow{CD} = \boxed{H}\,\overrightarrow{CA} + \boxed{I}\,\overrightarrow{CB}$$

と表される。

⓪ $\frac{1}{12}$　① $\frac{1}{6}$　② $\frac{1}{4}$　③ $\frac{1}{3}$　④ $\frac{5}{12}$

⑤ $\frac{11}{12}$　⑥ $\frac{5}{6}$　⑦ $\frac{3}{4}$　⑧ $\frac{2}{3}$　⑨ $\frac{7}{12}$

(3) 次の文中の **J** ， **K** には，下の選択肢⓪～⑨の中から適するものを選びなさい。

垂心 H が(2)の線分 CD 上にあるから，$\overrightarrow{CH}$ は実数 k を用いて

$$\overrightarrow{CH} = k\,\overrightarrow{CD}$$

と表される。

さらに，$\overrightarrow{BH} \perp \overrightarrow{CA}$ であるから，$k = \boxed{J}$ である。

したがって，CH $= \boxed{K}$ である。

⓪ $\frac{19}{20}$　① $\frac{19}{24}$　② $\frac{38}{43}$　③ $\frac{38}{45}$　④ $\frac{38}{47}$

⑤ $\frac{19\sqrt{6}}{10}$　⑥ $\frac{19\sqrt{6}}{12}$　⑦ $\frac{76\sqrt{6}}{43}$　⑧ $\frac{76\sqrt{6}}{45}$　⑨ $\frac{76\sqrt{6}}{47}$

問 2　複素数平面上の異なる 3 点 A，B，C の表す複素数をそれぞれ α，β，γ とする。次の問いに答えなさい。

(1)　$\alpha = 2\sqrt{2} + 3\sqrt{2}\,i$ とする。点 A を原点を中心として $\frac{\pi}{4}$ だけ回転した点が B となるとき

$$\beta = -\boxed{\textbf{L}} + \boxed{\textbf{M}}\,i$$

である。

(2)　$\alpha = 2\sqrt{2} + 3\sqrt{2}\,i$，$\beta = 6\sqrt{2} + 5\sqrt{2}\,i$ とする。点 B を点 A を中心として $\frac{3}{4}\pi$ だけ回転した点が C となるとき

$$\gamma = \boxed{\textbf{NO}} + \boxed{\textbf{P}}\sqrt{\boxed{\textbf{Q}}} + \left(\boxed{\textbf{R}} + \boxed{\textbf{S}}\sqrt{\boxed{\text{Q}}}\right)i$$

である。

(3)　α，β，γ が

$$\frac{\gamma - \alpha}{\beta - \alpha} = 3 - 3\sqrt{3}\,i \qquad \cdots\cdots \quad ①$$

を満たすとき，AB：AC と $\angle$ BAC の値を求めよう。

このとき，①は

$$\gamma - \alpha = \boxed{\textbf{T}}\left(\cos\frac{\boxed{\textbf{U}}}{\boxed{\textbf{V}}}\pi + i\sin\frac{\boxed{\text{U}}}{\boxed{\text{V}}}\pi\right)(\beta - \alpha)$$

と変形できる。ただし $0 \leqq \frac{\boxed{\text{U}}}{\boxed{\text{V}}}\pi < 2\pi$ とする。

（問 2 は次ページに続く）

注）複素数平面：complex plane，複素数：complex number

よって

$$\mathrm{AB}:\mathrm{AC}=\boxed{\mathbf{W}}:\boxed{\mathbf{X}}$$

$$\angle\mathrm{BAC}=\frac{\boxed{\mathbf{Y}}}{\boxed{\mathbf{Z}}}\pi$$

である。ただし，$\boxed{\mathrm{W}}:\boxed{\mathrm{X}}$ は最も簡単な整数比で，$0<\dfrac{\boxed{\mathrm{Y}}}{\boxed{\mathrm{Z}}}\pi<\pi$ となるように答えなさい。

$\boxed{\text{II}}$ の問題はこれで終わりです。

III

k は定数とする。方程式

$$27^x+27^{-x}-12(9^x+9^{-x})+48(3^x+3^{-x})=k \quad \cdots\cdots \text{①}$$

が異なる 4 つの実数解をもつとき，k の値とそのときの実数解を求めよう。

まず，①の左辺を $f(x)$ とおき，さらに

$$3^x+3^{-x}=t \quad \cdots\cdots \text{②}$$

とおいて，$f(x)$ を t の式で表そう。

$$9^x+9^{-x}=t^2-\boxed{\text{A}}$$

$$27^x+27^{-x}=t^3-\boxed{\text{B}}\,t$$

であるから

$$f(x)=t^3-\boxed{\text{CD}}\,t^2+\boxed{\text{EF}}\,t+\boxed{\text{GH}}$$

と表せる。

次に，$g(t)=t^3-\boxed{\text{CD}}\,t^2+\boxed{\text{EF}}\,t+\boxed{\text{GH}}$ とおくと，その導関数は

$$g'(t)=\boxed{\text{I}}\left(t-\boxed{\text{J}}\right)\left(t-\boxed{\text{K}}\right)$$

となる。ただし，$\boxed{\text{J}}<\boxed{\text{K}}$ とする。

また，②より，t のとり得る値の範囲は

$$t \geqq \boxed{\text{L}}$$

であり，t に対応する x は

$t=\boxed{\text{L}}$ のとき，$\boxed{\text{M}}$ 個

$t>\boxed{\text{L}}$ のとき，$\boxed{\text{N}}$ 個

存在する。

（III は次ページに続く）

したがって，①が異なる４つの実数解をもつのは

$$k=\boxed{\textbf{OP}}$$

のときである。

このとき

$$t=\boxed{\textbf{Q}}\quad \text{または}\quad t=\boxed{\textbf{R}}$$

である。ただし，$\boxed{\text{Q}}<\boxed{\text{R}}$ とする。

また，それらに対応する①の４つの実数解は

$$x=\log_{\boxed{\text{S}}}\frac{\boxed{\textbf{T}}\pm\sqrt{\boxed{\textbf{U}}}}{\boxed{\textbf{V}}}\quad \text{または}\quad x=\log_{\boxed{\text{S}}}\left(\boxed{\textbf{W}}\pm\boxed{\textbf{X}}\sqrt{\boxed{\textbf{Y}}}\right)$$

である。

III の問題はこれで終わりです。 III の解答欄 $\boxed{\textbf{Z}}$ はマークしないでください。

IV

2つの関数

$$f(x)=\frac{4\sin x}{5-3\cos x}$$

$$g(x)=\frac{3\cos x}{5-4\sin x}$$

のグラフをそれぞれ C_1，C_2 とする。C_1 と C_2 は $0 \leqq x \leqq 2\pi$ の範囲で3つの共有点をもち，それらの x 座標をそれぞれ α，β，γ（$\alpha<\beta<\gamma$）とする。$\alpha \leqq x \leqq \gamma$ において，C_1 と C_2 で囲まれた部分の面積 S を求めよう。

(1) 2つの関数の差は

$$f(x)-g(x)=\frac{(\boxed{\text{A}}\sin x-\boxed{\text{B}}\cos x)(\boxed{\text{C}}-\boxed{\text{D}}\sin x-\boxed{\text{E}}\cos x)}{(5-3\cos x)(5-4\sin x)}$$

と変形できる。$0 \leqq x \leqq 2\pi$ において，方程式 $f(x)-g(x)=0$ の解の大小を考えると，α，β，γ の正弦と余弦の値はそれぞれ

$$\sin\alpha=\frac{\boxed{\text{F}}}{\boxed{\text{G}}},\quad \cos\alpha=\frac{\boxed{\text{H}}}{\boxed{\text{G}}},$$

$$\sin\beta=\frac{\boxed{\text{I}}}{\boxed{\text{J}}},\quad \cos\beta=\frac{\boxed{\text{K}}}{\boxed{\text{J}}},$$

$$\sin\gamma=-\frac{\boxed{\text{L}}}{\boxed{\text{M}}},\quad \cos\gamma=-\frac{\boxed{\text{N}}}{\boxed{\text{M}}}$$

である。

また

$\alpha<x<\beta$ のとき，$f(x)$ $\boxed{\text{O}}$ $g(x)$

$\beta<x<\gamma$ のとき，$f(x)$ $\boxed{\text{P}}$ $g(x)$

である。ただし，$\boxed{\text{O}}$，$\boxed{\text{P}}$ には，次の選択肢⓪，①のどちらか適するものを選びなさい。

⓪ $>$　　　① $<$

（IVは次ページに続く）

(2) (1)の結果より，求める面積 S は

$$S=\int_{\alpha}^{\gamma}|f(x)-g(x)|\,dx=\frac{\boxed{\mathsf{QR}}}{\boxed{\mathsf{ST}}}\log\frac{\boxed{\mathsf{UV}}}{\boxed{\mathsf{WX}}}$$

である。

$\boxed{\text{IV}}$ の問題はこれで終わりです。$\boxed{\text{IV}}$ の解答欄 $\boxed{\mathsf{Y}}$，$\boxed{\mathsf{Z}}$ はマークしないでください。
コース２の問題はこれですべて終わりです。解答用紙の $\boxed{\text{V}}$ はマークしないでください。

模擬試験

第2回

I

問1　2次関数

$$f(x) = ax^2 + bx + c \qquad \cdots\cdots \quad ①$$

について考える。

(1)　次の文中の $\boxed{\mathbf{A}}$ ～ $\boxed{\mathbf{G}}$ には，下の選択肢 ⓪ ～ ② の中から適するものを選びなさい。

①のグラフが右図のようになるとき，a，b，c は次の式を満たす。

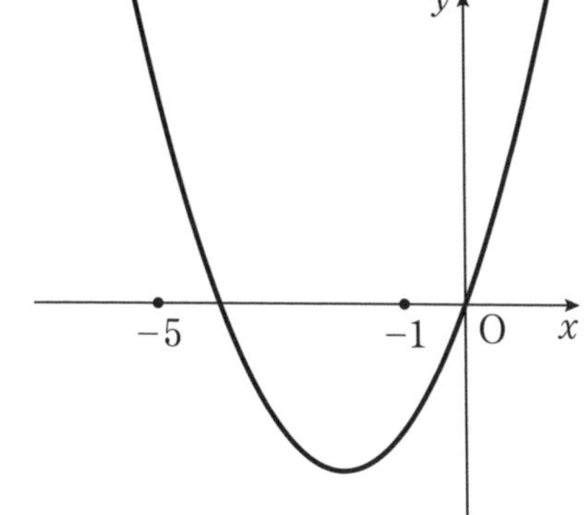

(i)　$a \boxed{\mathbf{A}} 0$，$b \boxed{\mathbf{B}} 0$，$c \boxed{\mathbf{C}} 0$

(ii)　$a + b + c \boxed{\mathbf{D}} 0$

(iii)　$a - b + c \boxed{\mathbf{E}} 0$

(iv)　$25a - 5b + c \boxed{\mathbf{F}} 0$

(v)　$b^2 - 4ac \boxed{\mathbf{G}} 0$

⓪ $>$　　　① $=$　　　② $<$

(2)　a，b，c が(1)の(i)を満たす場合を考えよう。

①のグラフが点（-3，2）を通り，その頂点が直線 $y = -2x - 4$ 上にあるとき

$$a = \frac{\boxed{\mathbf{HI}}}{\boxed{\mathbf{J}}},\quad b = \frac{\boxed{\mathbf{K}}}{\boxed{\mathbf{L}}}$$

となる。

— 計算欄（memo）—

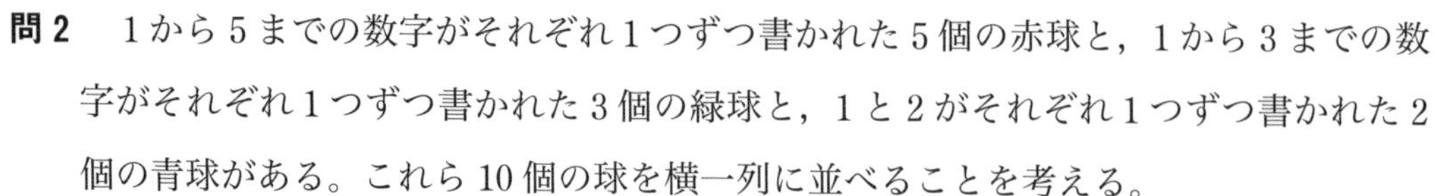

問2　1から5までの数字がそれぞれ1つずつ書かれた5個の赤球と，1から3までの数字がそれぞれ1つずつ書かれた3個の緑球と，1と2がそれぞれ1つずつ書かれた2個の青球がある。これら10個の球を横一列に並べることを考える。

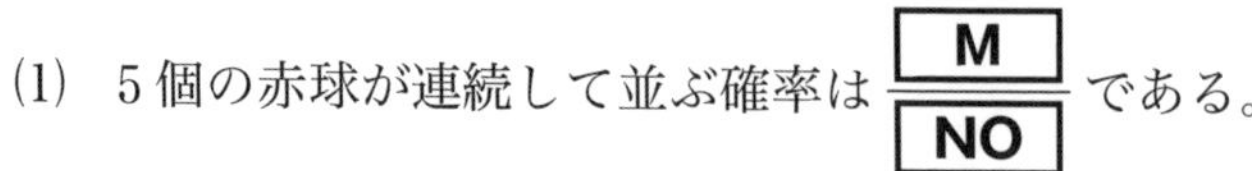

(1)　5個の赤球が連続して並ぶ確率は $\frac{\boxed{\text{M}}}{\boxed{\text{NO}}}$ である。

(2)　1の数字が書かれた球が両端にある確率は $\frac{\boxed{\text{P}}}{\boxed{\text{QR}}}$ である。

(3)　両端の球の色が異なる確率を求めよう。

左端が赤球のときの並べ方の総数は $\boxed{\text{ST}} \times \boxed{\text{U}}$! 通りである。

左端が緑球のときの並べ方と青球のときの並べ方の総数も同様に求めると，両端の球の色が異なる確率は $\frac{\boxed{\text{VW}}}{\boxed{\text{XY}}}$ である。

— 計算欄（memo）—

| I | の問題はこれで終わりです。 | I | の解答欄 | **Z** | はマークしないでください。 |

Ⅱ

問1　漸化式

$$a_1 = 10,\ a_{n+1} = 2a_n - 7 \quad (n = 1,\ 2,\ 3,\ \cdots\cdots)$$

で定まる数列 $\{a_n\}$ について，次の問いに答えなさい。

(1) 数列 $\{a_n\}$ の一般項を求めよう。

与えられた漸化式は

$$a_{n+1} - \boxed{\text{A}} = \boxed{\text{B}}\left(a_n - \boxed{\text{A}}\right) \quad (n = 1,\ 2,\ 3,\ \cdots\cdots)$$

と変形できる。

数列 $\left\{a_n - \boxed{\text{A}}\right\}$ は初項 $\boxed{\text{C}}$，公比 $\boxed{\text{D}}$ の等比数列であるから

$$a_n = \boxed{\text{C}} \cdot \boxed{\text{D}}^{n-1} + \boxed{\text{A}} \quad (n = 1,\ 2,\ 3,\ \cdots\cdots)$$

である。

(2) $a_n < 3079$ を満たす自然数 n のうちで最大のものを N とする。N の値を求めよう。

(1)の結果より

$$\boxed{\text{C}} \cdot \boxed{\text{D}}^{n-1} + \boxed{\text{A}} < 3079$$

が成り立つ。これを解くと

$$n < \boxed{\text{EF}}$$

である。

よって

$$N = \boxed{\text{GH}}$$

である。

（問1は次ページに続く）

注）漸化式：recurrence formula，公比：common ratio，等比数列：geometric progression

(3)　(2)のNに対して，数列$\{a_n\}$の初項から第N項までの和をS_Nとおくと

$$S_N - a_{N+1} = \boxed{\textbf{IJ}}$$

である。

問 2　複素数 z に対して

$$w = z^2 - \overline{z} + \frac{2}{z^2}$$

とする。次の 2 つの条件を満たす z について調べよう。

(i)　$|z| = 2$ である。

(ii)　w は実数である。

(1)　条件(ii)から，w について

$$w = \boxed{\text{K}} \quad \cdots\cdots \text{①}$$

が成り立つ。ただし $\boxed{\text{K}}$ には，次の選択肢⓪～⑦の中から適するものを選びなさい。

⓪　0　　①　$-w$　　②　$\overline{w}$　　③　$-\overline{w}$

④　$\dfrac{1}{w}$　　⑤　$-\dfrac{1}{w}$　　⑥　$\dfrac{1}{\overline{w}}$　　⑦　$-\dfrac{1}{\overline{w}}$

(2)　明らかに，$z = \pm\boxed{\text{L}}$ のとき，条件(i)，(ii)が成り立つ。

次の手順にしたがって，$\pm\boxed{\text{L}}$ 以外の条件(i)，(ii)を満たす z を求めよう。

まず，(i)から

$$\overline{z} = \frac{\boxed{\text{M}}}{z}$$

と表される。これに①を代入して整理すると

$$\frac{\boxed{\text{N}}}{\boxed{\text{O}}} z^4 + z^3 - \boxed{\text{P}}\, z - \boxed{\text{QR}} = 0 \quad \cdots\cdots \text{②}$$

が導かれる。さらに，②の左辺は分母を払って，因数分解すると

$$\left(z + \boxed{\text{L}}\right)\left(z - \boxed{\text{L}}\right)\left(\boxed{\text{N}}\, z^2 + \boxed{\text{O}}\, z + \boxed{\text{ST}}\right) = 0$$

となる。

(問 2 は次ページに続く)

注）複素数：complex number

以上より，条件(i)，(ii)を満たす z は

$$z=\pm\boxed{\text{L}}\quad \text{または}\quad z=\frac{-\boxed{\text{U}}\pm\boxed{\text{V}}\sqrt{\boxed{\text{W}}}\,i}{\boxed{\text{X}}}$$

である。

(3) 複素数平面上で，(2)で求めた4つの z の値を表す点を頂点にもつ四角形において，その内角のうち最大のものを θ とおくと

$$\cos\theta=-\frac{\boxed{\text{Y}}}{\boxed{\text{Z}}}$$

である。

$\boxed{\text{II}}$ の問題はこれで終わりです。

III

aを正の実数とする。2つの曲線

$$C_1 : y=3\cdot 2^{x-1}$$
$$C_2 : y=2^x+a$$

について考える。C_1とC_2の交点をPとし，点PにおけるC_1の接線ℓ_1とC_2の接線ℓ_2のなす角を$\theta\left(0<\theta<\frac{\pi}{2}\right)$とする。このとき，$\tan\theta$のとり得る値の範囲を求めよう。

まず，C_1とC_2の交点Pの座標を求めると

$$\mathrm{P}\left(\log_2 a+\boxed{\mathbf{A}},\ \boxed{\mathbf{B}}\,a\right)$$

である。

次に，$\tan\theta$をaを用いて表そう。

ℓ_1，ℓ_2とx軸の正の向きとのなす角をそれぞれα，βとすると

$$\tan\alpha=\boxed{\mathbf{C}}\,a\log\boxed{\mathbf{D}}$$
$$\tan\beta=\boxed{\mathbf{E}}\,a\log\boxed{\mathrm{D}}$$

である。

$\theta=\alpha-\beta$であるから

$$\tan\theta=\frac{a\log\boxed{\mathrm{D}}}{\boxed{\mathbf{F}}+\boxed{\mathbf{G}}\left(a\log\boxed{\mathrm{D}}\right)^{\boxed{\mathbf{H}}}}$$

である。

ここで，$t=a\log\boxed{\mathrm{D}}$とおくと，$t>0$であり

$$\tan\theta=\frac{t}{\boxed{\mathrm{F}}+\boxed{\mathrm{G}}\,t^{\boxed{\mathrm{H}}}}\quad\cdots\cdots\quad ①$$

と表せる。

①の右辺のtの式を$f(t)$とおくと，その導関数は

$$f'(t)=\frac{\boxed{\mathbf{I}}-\boxed{\mathbf{J}}\,t^{\boxed{\mathbf{K}}}}{\left(\boxed{\mathrm{F}}+\boxed{\mathrm{G}}\,t^{\boxed{\mathrm{H}}}\right)^{\boxed{\mathbf{L}}}}$$

であるから，$f'(t)=0$とすると

$$t=\frac{\sqrt{\boxed{\mathbf{M}}}}{\boxed{\mathbf{N}}}$$

である。

(III は次ページに続く)

よって，$f(t)$ は

$$0 < t \leqq \frac{\sqrt{\boxed{\text{M}}}}{\boxed{\text{N}}} \text{ のとき，} \boxed{\text{O}}$$

$$\frac{\sqrt{\boxed{\text{M}}}}{\boxed{\text{N}}} \leqq t \text{ のとき，} \boxed{\text{P}}$$

である。ただし，$\boxed{\text{O}}$，$\boxed{\text{P}}$ には，次の選択肢⓪，①のどちらか適するものを選びなさい。

⓪　増加　　　　　①　減少

また

$$\lim_{t \to +0} f(t) = \boxed{\text{Q}}, \quad \lim_{t \to \infty} f(t) = \boxed{\text{R}}$$

である。

したがって，求める $\tan\theta$ のとり得る値の範囲は

$$\boxed{\text{S}} < \tan\theta \leqq \frac{\sqrt{\boxed{\text{T}}}}{\boxed{\text{UV}}}$$

である。

III の問題はこれで終わりです。III の解答欄 $\boxed{\text{W}}$ ～ $\boxed{\text{Z}}$ はマークしないでください。

Ⅳ

次の問いに答えなさい。

(1)　n は自然数とする。極限値

$$\alpha=\lim_{n\to\infty}\left(\frac{3n+2}{9n^2-1^2}+\frac{3n+4}{9n^2-2^2}+\frac{3n+6}{9n^2-3^2}+\cdots\cdots+\frac{3n+2n}{9n^2-n^2}\right)$$

を求めよう。

$$\alpha=\lim_{n\to\infty}\frac{1}{n}\sum_{k=1}^{n}\frac{\boxed{\text{A}}+\boxed{\text{B}}\cdot\dfrac{k}{n}}{\boxed{\text{C}}-\left(\dfrac{k}{n}\right)^{\boxed{\text{D}}}}$$ と変形できるから

$$\alpha=\int_{\boxed{\text{E}}}^{\boxed{\text{F}}}\frac{\boxed{\text{A}}+\boxed{\text{B}}x}{\boxed{\text{C}}-x^{\boxed{\text{D}}}}dx$$

$$=\frac{\boxed{\text{GH}}}{\boxed{\text{I}}}\int_{\boxed{\text{E}}}^{\boxed{\text{F}}}\left(\frac{\boxed{\text{J}}}{x+\boxed{\text{K}}}+\frac{\boxed{\text{L}}}{x-\boxed{\text{M}}}\right)dx$$

$$=\log\frac{\boxed{\text{N}}\sqrt{\boxed{\text{O}}}}{\boxed{\text{P}}}$$

となる。

（Ⅳは次ページに続く）

(2) 次の文中の **R** , **S** , **V** , **W** には，次の選択肢

⓪ ∞　　　① $-\infty$

のどちらか適するものを選び，その他の □ には適する数を入れなさい。

関数$f(x)=\dfrac{\boxed{A}+\boxed{B}x}{\boxed{C}-x^{\boxed{D}}}$のグラフの漸近線の方程式を求めよう。ただし，漸近線とは，関数のグラフが限りなく近づいていく直線のことである。

$$\lim_{x\to\boxed{Q}+0} f(x)=\boxed{R},\quad \lim_{x\to\boxed{Q}-0} f(x)=\boxed{S}$$

$$\lim_{x\to\boxed{TU}+0} f(x)=\boxed{V},\quad \lim_{x\to\boxed{TU}-0} f(x)=\boxed{W}$$

$$\lim_{x\to\infty} f(x)=\lim_{x\to-\infty} f(x)=\boxed{X}$$

であるから，求める漸近線の方程式は

$$x=\boxed{Q},\quad x=\boxed{TU},\quad y=\boxed{X}$$

である。

注）漸近線：asymptote

IV の問題はこれで終わりです。IV の解答欄 **Y** , **Z** はマークしないでください。
コース２の問題はこれですべて終わりです。解答用紙の V はマークしないでください。

模擬試験

第3回

I

問1　a，b，c，k は定数とする。2つの2次関数

$$y=ax^2+bx+c \qquad \cdots\cdots \ ①$$

$$y=2x^2-(k-7)x+k^2+\frac{7}{2} \qquad \cdots\cdots \ ②$$

について考える。

(1)　①のグラフが x 軸から切りとる線分の長さが8で，頂点の座標が $(2,\ 4)$ であるとき，a，b，c の値を求めよう。

条件より，①は

$$y=a\left(x+\boxed{\mathbf{A}}\right)\left(x-\boxed{\mathbf{B}}\right)$$

と表せる。

よって

$$a=\frac{\boxed{\mathbf{CD}}}{\boxed{\mathbf{E}}},\ b=\boxed{\mathbf{F}},\ c=\boxed{\mathbf{G}}$$

である。

(2)　②のグラフが x 軸と異なる2点で交わるのは

$$-\boxed{\mathbf{H}}<k<\boxed{\mathbf{I}} \qquad \cdots\cdots \ ③$$

のときである。

k が③の範囲にあるとき，②のグラフが x 軸から切りとる線分の長さを ℓ とする。ℓ の最大値とそのときの k の値を求めよう。

ℓ は

$$\ell=\frac{\sqrt{\boxed{\mathbf{J}}\left(-k^2-\boxed{\mathbf{K}}k+\boxed{\mathbf{L}}\right)}}{\boxed{\mathbf{M}}}$$

と表せる。

よって，$k=-\boxed{\mathbf{N}}$ のとき，ℓ は最大値 $\sqrt{\boxed{\mathbf{O}}}$ をとる。

— 計算欄（memo）—

問 2　それぞれ互いに区別ができる2個のチョコレートと4個のキャンディー，計6個のお菓子がある。3つの箱A，B，Cには，お菓子をそれぞれ3個，2個，1個入れることができる。

次の問いに答えなさい。

⑴　6個のお菓子の入れ方は **PQ** 通りある。

⑵　2個のチョコレートが同じ箱に入らない入れ方が何通りあるか求めよう。

2個のチョコレートを同じ箱に入れることを考えると，次の場合がある。

(i)　箱Aに2個のチョコレートを入れるとき，残り4個のキャンディーの入れ方は **RS** 通りある。

(ii)　箱Bに2個のチョコレートを入れるとき，残り4個のキャンディーの入れ方は **T** 通りある。

よって，求める2個のチョコレートが同じ箱に入らない入れ方は全部で **UV** 通りある。

以下，お菓子が1つも入らない箱があってもよいものとする。

⑶　2個のチョコレートのみを箱A，B，Cに入れる入れ方は **W** 通りある。

⑷　4個のキャンディーのみを箱A，B，Cに入れる入れ方は **XY** 通りある。

— 計算欄（memo）—

I の問題はこれで終わりです。 I の解答欄 **Z** はマークしないでください。

Ⅱ

問1 解答は，すべて各問いの下の選択肢の中から適するものを選びなさい。

下の図のように，座標空間内に1辺の長さが6の立方体OABC−DEFGがあり，辺OA，OC，ODがそれぞれx軸，y軸，z軸上にある。線分EAを2：1に内分する点をHとし，線分AB，BCの中点をそれぞれI，Jとする。

また，3点D，H，Iを含む平面をαとする。

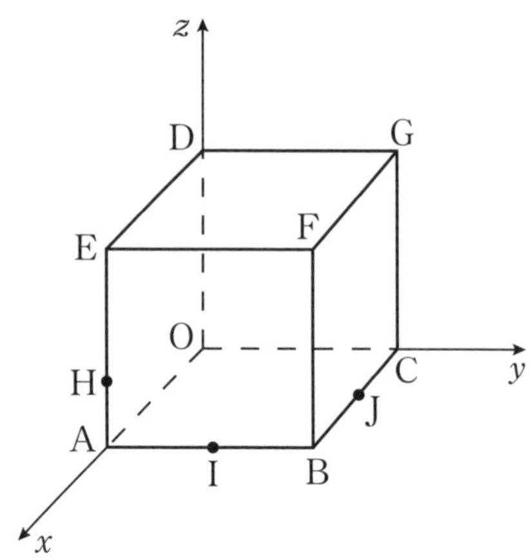

(1) $\overrightarrow{\mathrm{HD}}$と$\overrightarrow{\mathrm{HI}}$の両方に垂直で大きさが$\sqrt{17}$，$z$成分が正であるベクトル$\overrightarrow{\mathrm{OP}}$を求めよう。

点Pの座標をP$(p,\ q,\ r)$とすると，$\overrightarrow{\mathrm{OP}}$は$\overrightarrow{\mathrm{HD}}$と$\overrightarrow{\mathrm{HI}}$の両方に垂直であるから

$$p = \boxed{\mathbf{A}}\,r,\quad q = \boxed{\mathbf{B}}\,r$$

が成り立つ。また，$|\overrightarrow{\mathrm{OP}}| = \sqrt{17}$であるから，点Pの座標は

$$\mathrm{P}\left(\boxed{\mathbf{C}},\ \boxed{\mathbf{D}},\ \boxed{\mathbf{E}}\right)$$

である。

⓪ 0	① 1	② 2	③ 3	④ 4
⑤ $\frac{1}{2}$	⑥ $\frac{1}{3}$	⑦ $\frac{2}{3}$	⑧ $\frac{1}{4}$	⑨ $\frac{3}{4}$

（問1は次ページに続く）

注）内分する：divide internally

(2) 三角形 DHI の面積△DHI を求めよう。

まず

$$|\overrightarrow{HD}| = \boxed{\textbf{F}}, \quad |\overrightarrow{HI}| = \boxed{\textbf{G}}, \quad \overrightarrow{HD}\cdot\overrightarrow{HI} = \boxed{\textbf{H}}$$

である。

よって

$$\sin\angle DHI = \boxed{\textbf{I}}$$

であり

$$\triangle DHI = \boxed{\textbf{J}}$$

である。

⓪ -8　① -3　② -1　③ $\sqrt{13}$　④ $2\sqrt{13}$

⑤ $3\sqrt{13}$　⑥ $3\sqrt{17}$　⑦ $\dfrac{\sqrt{17}}{13}$　⑧ $\dfrac{2\sqrt{17}}{13}$　⑨ $\dfrac{3\sqrt{17}}{13}$

(3) $\overrightarrow{OP}\cdot\overrightarrow{IJ} = \boxed{\textbf{K}}$ であるから，点 J が平面 α 上にあることがわかる。

⓪ 0　① 1　② -1　③ 3　④ -3

⑤ 6　⑥ -6　⑦ 12　⑧ -12

(4) 平面 α で立方体 OABC−DEFG を切ったときの切断面の形は $\boxed{\textbf{L}}$ である。

また，この切断面の面積は $\boxed{\textbf{M}}$ である。

⓪ 三角形　① 四角形　② 五角形　③ 六角形　④ 七角形

⑤ $\dfrac{9\sqrt{17}}{2}$　⑥ $\dfrac{15\sqrt{17}}{2}$　⑦ $\dfrac{21\sqrt{17}}{2}$　⑧ $\dfrac{27\sqrt{17}}{2}$　⑨ $\dfrac{81\sqrt{17}}{2}$

問 2　複素数 $z=\dfrac{3+\sqrt{3}i}{\sqrt{3}-i}$ について，次の問いに答えなさい。

(1)　$z=\dfrac{\sqrt{\boxed{\mathbf{N}}}+\boxed{\mathbf{O}}\,i}{\boxed{\mathbf{P}}}$ であるから，z を極形式で表すと

$$z=\sqrt{\boxed{\mathbf{Q}}}\left(\cos\frac{\pi}{\boxed{\mathbf{R}}}+i\sin\frac{\pi}{\boxed{\text{R}}}\right)$$

となる。ただし，偏角 θ の範囲は $0 \leqq \theta < 2\pi$ とする。

(2)　$w^3=-\dfrac{32}{3}(3-\sqrt{3}i)z$ を満たす複素数 w を考える。

w の極形式を

$$w=r(\cos\theta+i\sin\theta)\qquad(r>0,\ 0 \leqq \theta < 2\pi)$$

とおくと

$$r=\boxed{\mathbf{S}}$$

$$\theta=\frac{\boxed{\mathbf{T}}}{\boxed{\mathbf{UV}}}\pi,\ \frac{\boxed{\mathbf{WX}}}{\boxed{\text{UV}}}\pi,\ \frac{\boxed{\mathbf{YZ}}}{\boxed{\text{UV}}}\pi$$

となる。ただし，$\boxed{\text{T}} < \boxed{\text{WX}} < \boxed{\text{YZ}}$ とする。

注）複素数：complex number，極形式：polar form

Ⅱ の問題はこれで終わりです。

III

a を正の定数とする。関数

$$f(x)=\{2x^2-(4a+2)x+10a-7\}e^{-2x}$$

が $x \geqq 0$ において最小値をもつような a の値の範囲を求めよう。

ただし，必要であれば，任意の自然数 n に対し，$\displaystyle\lim_{x\to\infty} x^n e^{-2x}=0$ を用いてよい。

(1) $f(x)$ の導関数を求めると

$$f'(x)=-\boxed{\textbf{A}}\left(x-\boxed{\textbf{B}}\,a+\boxed{\textbf{C}}\right)\left(x-\boxed{\textbf{D}}\right)e^{-2x}$$

と表せる。

(2) $\displaystyle\lim_{x\to\infty} f(x)=\boxed{\textbf{E}}$ である。ただし，$\boxed{\text{E}}$ には，次の選択肢⓪～⑧の中から適するものを選びなさい。

⓪ 0　① 1　② -1　③ e　④ e^{-1}

⑤ e^2　⑥ e^{-2}　⑦ ∞　⑧ $-\infty$

(3) 次の文中の $\boxed{\textbf{F}}$，$\boxed{\textbf{G}}$，$\boxed{\textbf{L}}$ および $\boxed{\textbf{V}}$ ～ $\boxed{\textbf{Z}}$ には，それぞれ適する数を入れ，他の $\boxed{}$ には右ページの選択肢⓪～⑦の中から最も適するものを選びなさい。

以下，場合分けして考える。

(i) $0<a\leqq\dfrac{\boxed{\textbf{F}}}{\boxed{\textbf{G}}}$ のとき，$f(x)$ は

$0\leqq x\leqq\boxed{\text{D}}$ において $\boxed{\textbf{H}}$

$\boxed{\text{D}}\leqq x$ において $\boxed{\textbf{I}}$

する。

このとき，$f\left(\boxed{\textbf{J}}\right)\boxed{\textbf{K}}\boxed{\text{E}}$ となるような a の値の範囲を求めればよい。

（III は次ページに続く）

(ii) $\dfrac{\boxed{\text{F}}}{\boxed{\text{G}}} < a < \boxed{\text{L}}$ のとき，$f(x)$ は

$0 \leqq x \leqq \boxed{\text{B}}\,a - \boxed{\text{C}}$ において $\boxed{\text{M}}$

$\boxed{\text{B}}\,a - \boxed{\text{C}} \leqq x \leqq \boxed{\text{D}}$ において $\boxed{\text{N}}$

$\boxed{\text{D}} \leqq x$ において $\boxed{\text{O}}$

する。

このとき，$f\left(\boxed{\text{P}}\right)\ \boxed{\text{K}}\ \boxed{\text{E}}$ となるような a の値の範囲を求めればよい。

(iii) $a = \boxed{\text{L}}$ のとき，$f(x)$ は $x \geqq 0$ において $\boxed{\text{Q}}$ する。

このとき，$f(x)$ は最小値をもたない。

(iv) $\boxed{\text{L}} < a$ のとき，$f(x)$ は

$0 \leqq x \leqq \boxed{\text{D}}$ において $\boxed{\text{R}}$

$\boxed{\text{D}} \leqq x \leqq \boxed{\text{B}}\,a - \boxed{\text{C}}$ において $\boxed{\text{S}}$

$\boxed{\text{B}}\,a - \boxed{\text{C}} \leqq x$ において $\boxed{\text{T}}$

する。

このとき，$f\left(\boxed{\text{U}}\right)\ \boxed{\text{K}}\ \boxed{\text{E}}$ となるような a の値の範囲を求めればよい。

以上より，求める a の値の範囲は

$$\boxed{\text{V}} < a\ \boxed{\text{K}}\ \dfrac{\boxed{\text{W}}}{\boxed{\text{X}}} \quad \text{または} \quad \dfrac{\boxed{\text{Y}}}{\boxed{\text{Z}}}\ \boxed{\text{K}}\ a$$

である。

⓪ 0　① $\dfrac{\boxed{\text{F}}}{\boxed{\text{G}}}$　② $\boxed{\text{B}}\,a - \boxed{\text{C}}$　③ $\boxed{\text{D}}$

④ ＜　⑤ ≦　⑥ 単調増加　⑦ 単調減少

III の問題はこれで終わりです。

Ⅳ

t が実数全体を動くとき，媒介変数表示

$$\begin{cases} x=\dfrac{2}{3}t^2+1 \\ y=-t^2+t+6 \end{cases}$$

で表される曲線 C について考える。

(1) $\dfrac{dx}{dt}=\dfrac{\boxed{\text{A}}}{\boxed{\text{B}}}t$，$\dfrac{dy}{dt}=-\boxed{\text{C}}\,t+\boxed{\text{D}}$ であるから

$$\frac{dy}{dx}=\frac{-\boxed{\text{E}}\,t+\boxed{\text{F}}}{\boxed{\text{G}}\,t}$$

$$\frac{d^2y}{dx^2}=-\frac{\boxed{\text{H}}}{\boxed{\text{IJ}}\,t^{\boxed{\text{K}}}}$$

である。

(2) 曲線 C と x 軸との 2 つの交点を x 座標の小さい順にそれぞれ A，B とすると，それらの座標は

$$\text{A}\left(\frac{\boxed{\text{LM}}}{\boxed{\text{N}}},\ 0\right),\ \text{B}\left(\boxed{\text{O}},\ 0\right)$$

である。

(3) 曲線 C を表す図は $\boxed{\text{P}}$ である。ただし，$\boxed{\text{P}}$ には次の選択肢⓪～③の中から適するものを選びなさい。

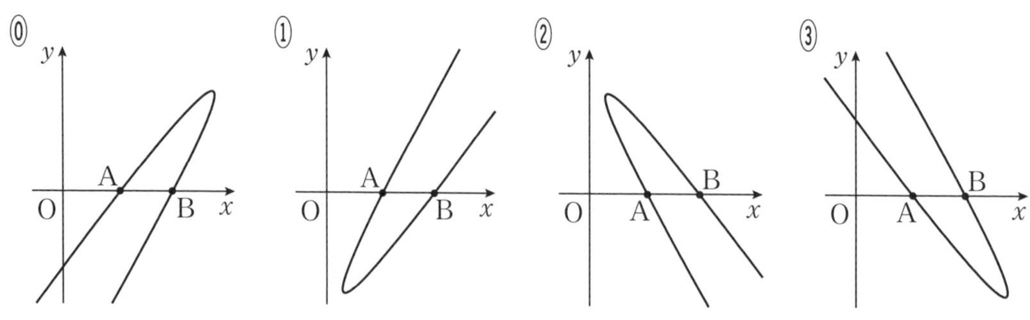

（Ⅳは次ページに続く）

(4) 曲線 C と x 軸で囲まれた部分の面積 S を求めよう。

x が最小となるのは，$t=$ **Q** のときであるから，求める面積 S は

$$S=\int_{\boxed{Q}}^{\boxed{R}}(-t^2+t+6)\cdot\frac{\boxed{S}}{\boxed{T}}t\,dt-\int_{\boxed{Q}}^{\boxed{UV}}(-t^2+t+6)\cdot\frac{\boxed{S}}{\boxed{T}}t\,dt$$

$$=\frac{\boxed{WXY}}{\boxed{Z}}$$

である。

IV の問題はこれで終わりです。

コース2の問題はこれですべて終わりです。解答用紙の V はマークしないでください。

模擬試験

第4回

Ⅰ

問 1　a は定数とする。2 次関数

$$f(x) = x^2 - 6ax + 7a^2 + 1$$

の $0 \leqq x \leqq 6$ における最大値 M と最小値 m について考える。

(1)　$f(x)$ のグラフの頂点の座標は

$$\left(\boxed{\textbf{A}}\,a,\ -\boxed{\textbf{B}}\,a^2 + \boxed{\textbf{C}} \right)$$

である。

(2)　次の文中の $\boxed{\textbf{E}}$, $\boxed{\textbf{F}}$, $\boxed{\textbf{H}}$, $\boxed{\textbf{J}}$, $\boxed{\textbf{K}}$ には，下の選択肢⓪～⑧の中から適するものを選びなさい。また，その他の $\boxed{}$ には適する数を入れなさい。

$f(x)$ の最大値 M，最小値 m をそのグラフの軸の位置に応じて求めると

(i)　最大値について

$$a \leqq \boxed{\textbf{D}} \text{ のとき，} M = \boxed{\textbf{E}}$$

$$\boxed{\text{D}} < a \text{ のとき，} M = \boxed{\textbf{F}}$$

である。

(ii)　最小値について

$$a \leqq \boxed{\textbf{G}} \text{ のとき，} m = \boxed{\textbf{H}}$$

$$\boxed{\text{G}} < a \leqq \boxed{\textbf{I}} \text{ のとき，} m = \boxed{\textbf{J}}$$

$$\boxed{\text{I}} < a \text{ のとき，} m = \boxed{\textbf{K}}$$

である。

⓪　$2a^2 + 1$　　①　$2a^2 - 1$　　②　$-2a^2 + 1$

③　$7a^2 + 1$　　④　$7a^2 - 6a + 2$　　⑤　$7a^2 - 12a + 5$

⑥　$7a^2 - 18a + 10$　　⑦　$7a^2 - 24a + 17$　　⑧　$7a^2 - 36a + 37$

— 計算欄（memo）—

問 2　ある正八面体のサイコロの各面に 1 から 8 までの数字がそれぞれ 1 つずつ書かれている。このサイコロを n 回投げるとき，出る目の積を X とし，X が 8 の倍数である確率を p_n とする。次の問いに答えなさい。

(1)　$p_1=\dfrac{\boxed{\text{L}}}{\boxed{\text{M}}}$，$p_2=\dfrac{\boxed{\text{N}}}{\boxed{\text{OP}}}$ である。

(2)　次の文中の $\boxed{\text{S}}$ ～ $\boxed{\text{W}}$ と $\boxed{\text{Z}}$ には，下の選択肢⓪～⑨の中から適するものを選び，その他の $\boxed{}$ には適する数を入れなさい。

p_n を n を用いて表そう。

X を素因数分解するときの素因数 2 の次数を m とすると

(i)　$m=0$ となる確率は $\left(\dfrac{\boxed{\text{Q}}}{\boxed{\text{R}}}\right)^{\boxed{\text{S}}}$

(ii)　$m=1$ となる確率は $\left(\boxed{\text{T}}\right)\times\left(\dfrac{\boxed{\text{Q}}}{\boxed{\text{R}}}\right)^{\boxed{\text{U}}}$

(iii)　$m=2$ となる確率は $\left(\boxed{\text{V}}\right)\times\left(\dfrac{\boxed{\text{Q}}}{\boxed{\text{R}}}\right)^{\boxed{\text{W}}}$

である。

よって，求める確率 p_n は

$$p_n=1-\left(n^2+\boxed{\text{X}}\,n+\boxed{\text{Y}}\right)\times\left(\dfrac{\boxed{\text{Q}}}{\boxed{\text{R}}}\right)^{\boxed{\text{Z}}}$$

と表せる。

⓪　n	①　$n+1$	②　$n+2$	③　$n+3$	④　$n+4$
⑤　n^2-1	⑥　n^2+1	⑦　n^2-n	⑧　n^2	⑨　n^2+n

注）サイコロ：dice

— 計算欄（memo）—

I の問題はこれで終わりです。

Ⅱ

問 1　1 辺の長さが 8 の正四面体 OABC において，線分 AC を 1：4 に内分する点を D，線分 DB を 3：5 に内分する点を E，線分 OE を 2：1 に内分する点を F とする。また，直線 AF が 3 点 O，B，C を含む平面と交わる点を G とする。$\overrightarrow{\mathrm{OA}} = \vec{a}$，$\overrightarrow{\mathrm{OB}} = \vec{b}$，$\overrightarrow{\mathrm{OC}} = \vec{c}$ とおく。

ただし，次の文中の **A** ～ **I** には，次の選択肢⓪～⑨の中から適するものを選びなさい。また，その他の □ には適する数を入れなさい。

⓪ $\frac{1}{2}$　① $\frac{1}{3}$　② $\frac{2}{3}$　③ $\frac{1}{4}$　④ $\frac{3}{4}$

⑤ $\frac{1}{5}$　⑥ $\frac{4}{5}$　⑦ $\frac{1}{8}$　⑧ $\frac{3}{8}$　⑨ $\frac{1}{12}$

(1)　$\overrightarrow{\mathrm{OD}}$，$\overrightarrow{\mathrm{OE}}$，$\overrightarrow{\mathrm{OF}}$ をそれぞれ $\vec{a}$，$\vec{b}$，$\vec{c}$ で表すと

$$\overrightarrow{\mathrm{OD}} = \boxed{\mathbf{A}}\,\vec{a} + \boxed{\mathbf{B}}\,\vec{c}$$

$$\overrightarrow{\mathrm{OE}} = \boxed{\mathbf{C}}\,\vec{a} + \boxed{\mathbf{D}}\,\vec{b} + \boxed{\mathbf{E}}\,\vec{c}$$

$$\overrightarrow{\mathrm{OF}} = \boxed{\mathbf{F}}\,\vec{a} + \boxed{\mathbf{G}}\,\vec{b} + \boxed{\mathbf{H}}\,\vec{c}$$

となる。

(2)　AF：FG を求めよう。

$\overrightarrow{\mathrm{AG}}$ は，実数 k を用いて，$\overrightarrow{\mathrm{AG}} = k\,\overrightarrow{\mathrm{AF}}$ と表せることより

$$\overrightarrow{\mathrm{AG}} = -\boxed{\mathbf{I}}\,k\vec{a} + \boxed{\mathrm{G}}\,k\vec{b} + \boxed{\mathrm{H}}\,k\vec{c}$$

である。

（問 1 は次ページに続く）

注）正四面体：regular tetrahedron，内分する：divide internally

よって

$$\overrightarrow{\mathrm{OG}}=\left(\boxed{\mathbf{J}}-\boxed{\mathrm{I}}\,k\right)\vec{a}+\boxed{\mathrm{G}}\,k\,\vec{b}+\boxed{\mathrm{H}}\,k\,\vec{c}$$

である。

点 G が平面 OBC 上の点であるから

$$k=\frac{\boxed{\mathbf{K}}}{\boxed{\mathbf{L}}}$$

である。

よって

$$\mathrm{AF}:\mathrm{FG}=\boxed{\mathbf{M}}:\boxed{\mathbf{N}}$$

となる。ただし，$\boxed{\mathrm{M}}:\boxed{\mathrm{N}}$ は最も簡単な整数比で答えなさい。

(3) $\left|\overrightarrow{\mathrm{OG}}\right|=\sqrt{\boxed{\mathbf{OP}}}$ である。

問 2　k は $k>1$ を満たす定数とする。2つの方程式

$$x^2+y^2+4x-2y-4=0 \quad \cdots\cdots \text{①}$$

$$x-y+k=0 \quad \cdots\cdots \text{②}$$

を考える。

(1)　①は中心が C(**QR** , **S**)，半径が **T** の円を表す。

(2)　②の表す直線が円①によって切りとられる弦の長さが $2\sqrt{7}$ であるとき，定数 k の値を求めよう。

このとき，円の中心 C から，直線②に下ろした垂線の足を H とすると

$$\mathrm{CH}=\sqrt{\boxed{\mathbf{U}}} \quad \cdots\cdots \text{③}$$

である。

一方，CH は点 C と直線②の距離として

$$\mathrm{CH}=\frac{\left|\boxed{\mathbf{VW}}+k\right|}{\sqrt{\boxed{\mathbf{X}}}} \quad \cdots\cdots \text{④}$$

とも表せる。

よって，$k>1$ であることに注意すると，③，④より

$$k=\boxed{\mathbf{Y}}$$

である。

(3)　次の文中の **Z** には，右ページの選択肢⓪～⑧の中から適するものを選びなさい。

不等式

$$x\left(x-y+\boxed{\mathrm{Y}}\right)(x^2+y^2+4x-2y-4)\geqq 0$$

の表す領域は図 **Z** の灰色部分である。ただし，すべての境界線は灰色部分に含まれているものとする。

（問 2 は次ページに続く）

注）灰色部分：shaded portion

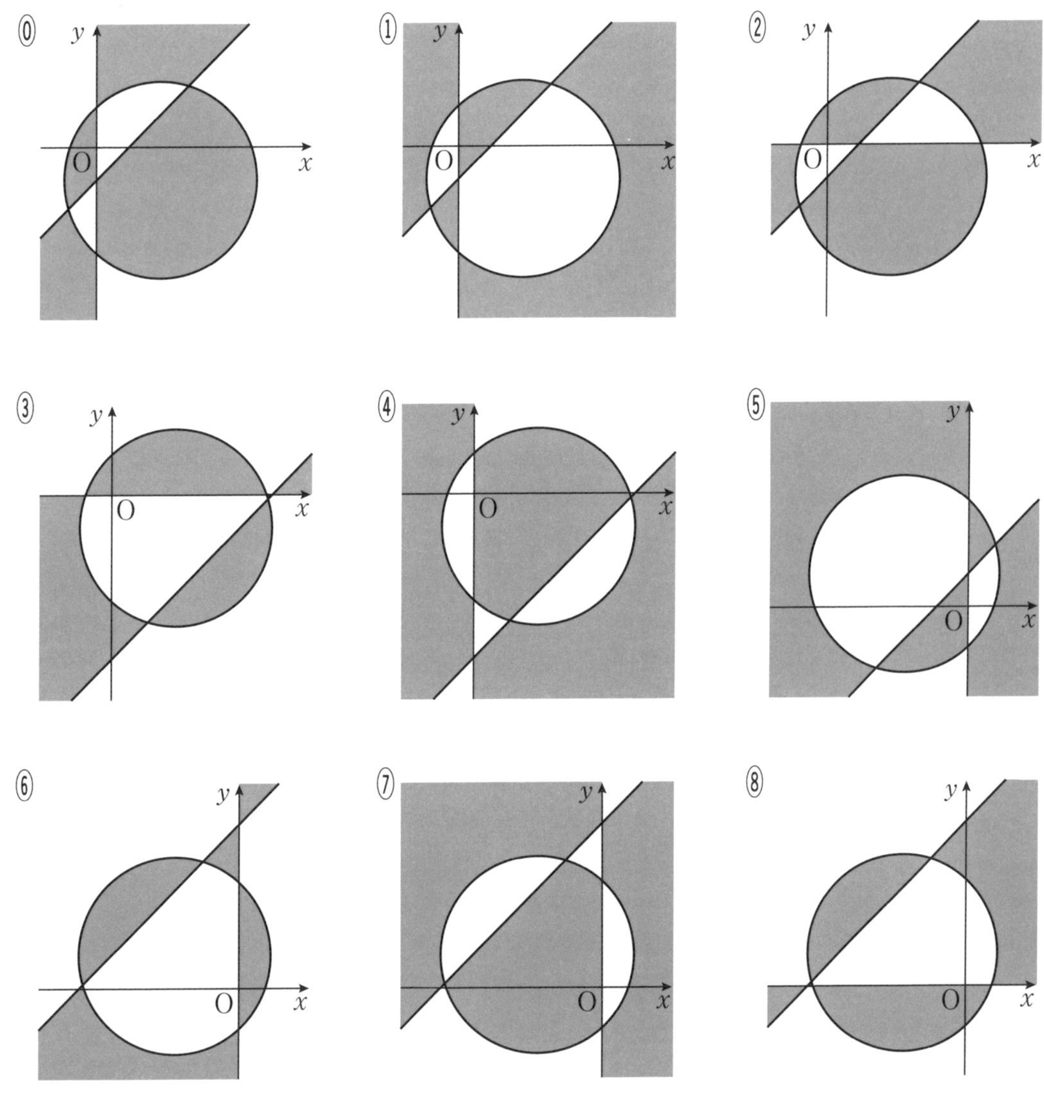

II の問題はこれで終わりです。

Ⅲ

次の文中の $\boxed{\textbf{S}}$，$\boxed{\textbf{W}}$ には，下の選択肢⓪～⑧の中から適するものを選び，他の $\boxed{}$ には適する数を入れなさい。

$0 \leqq x \leqq \pi$ において，関数

$$f(x) = 3\sin^2 2x + 4\sin^3 x - 4\cos^3 x$$

の最大値と最小値を求めよう。

$t = \sin x - \cos x$ とおくと

$$t = \sqrt{\boxed{\textbf{A}}}\,\sin\left(x - \frac{\pi}{\boxed{\textbf{B}}}\right)$$

と表されるから，t のとり得る値の範囲は $-\boxed{\textbf{C}} \leqq t \leqq \sqrt{\boxed{\textbf{D}}}$ である。

また

$$\sin 2x = \boxed{\textbf{E}} - t^{\boxed{\textbf{F}}}$$

$$\sin^3 x - \cos^3 x = \frac{\boxed{\textbf{G}}\,t - t^{\boxed{\textbf{H}}}}{\boxed{\textbf{I}}}$$

であるから，$f(x)$ は t を用いて

$$f(x) = \boxed{\textbf{J}}\,t^4 - \boxed{\textbf{K}}\,t^3 - \boxed{\textbf{L}}\,t^2 + \boxed{\textbf{M}}\,t + \boxed{\textbf{N}} \quad \cdots\cdots \quad ①$$

と表される。①の右辺を $g(t)$ とおき，t で微分すると

$$g'(t) = \boxed{\textbf{O}}\left(\boxed{\textbf{P}}\,t - 1\right)\left(t - \boxed{\textbf{Q}}\right)\left(t + \boxed{\textbf{R}}\right)$$

である。

したがって，$f(x)$ は

$x = \boxed{\textbf{S}}$ のとき，最大値 $\boxed{\textbf{T}} + \boxed{\textbf{U}}\sqrt{\boxed{\textbf{V}}}$

$x = \boxed{\textbf{W}}$ のとき，最小値 $\boxed{\textbf{XY}}$

をとる。

⓪ 0　① $\dfrac{\pi}{6}$　② $\dfrac{\pi}{4}$　③ $\dfrac{\pi}{3}$　④ $\dfrac{\pi}{2}$

⑤ $\dfrac{2}{3}\pi$　⑥ $\dfrac{3}{4}\pi$　⑦ $\dfrac{5}{6}\pi$　⑧ π

III の問題はこれで終わりです。III の解答欄 **Z** はマークしないでください。

IV

2つの関数

$$S(x)=\frac{e^{3x}-e^{-3x}}{3}$$

$$C(x)=\frac{e^{3x}+e^{-3x}}{3}$$

について考える。

(1) $S(x)$，$C(x)$ の導関数を調べると

$$S'(x)=\boxed{\mathbf{A}}\,C(x)$$

$$C'(x)=\boxed{\mathbf{B}}\,S(x)$$

が成り立つ。

(2) 次の文中の $\boxed{\mathbf{C}}$ ～ $\boxed{\mathbf{H}}$ と $\boxed{\mathbf{J}}$ ～ $\boxed{\mathbf{L}}$ には，右ページの選択肢⓪～⑨の中から適するものを選び，その他の $\boxed{}$ には適する数を入れなさい。

$S(x)$，$C(x)$ のグラフと直線 $x=0$，$x=\frac{1}{3}$ で囲まれた部分を y 軸のまわりに1回転させてできる立体の体積 V を求めよう。

x が0から $\frac{1}{3}$ まで動くとき，$S(x)$ が $\boxed{\mathbf{C}}$ から $\boxed{\mathbf{D}}$ まで増加し，$C(x)$ が $\boxed{\mathbf{E}}$ から $\boxed{\mathbf{F}}$ まで増加する。

$S(x)$ のグラフと直線 $y=\boxed{\mathrm{D}}$ および y 軸で囲まれた部分を D_1 とし，$C(x)$ のグラフと直線 $y=\boxed{\mathrm{F}}$ および y 軸で囲まれた2つの部分のうち右のほうを D_2 とする。D_1，D_2 を y 軸のまわりに1回転させてできる立体の体積をそれぞれ V_1，V_2 とすると

$$V_1=\pi\int_{\boxed{\mathbf{G}}}^{\boxed{\mathbf{H}}} x^{\boxed{\mathbf{I}}}S'(x)dx$$

$$V_2=\pi\int_{\boxed{\mathrm{G}}}^{\boxed{\mathrm{H}}} x^{\boxed{\mathrm{I}}}C'(x)dx$$

と表せる。

（IVは次ページに続く）

また，直線 $x=0$，$x=\dfrac{1}{3}$，$y=$ D ，$y=$ F で囲まれた長方形を y 軸のまわりに1回転させてできる立体は，底面が半径 J の円，高さが K の円柱であり，その体積は L である。

よって，求める回転体の体積 V は

$$V=V_1+\boxed{\text{L}}-V_2$$

$$=\boxed{\text{M}}\pi\int_{\boxed{\text{G}}}^{\boxed{\text{H}}}x^{\boxed{\text{I}}}e^{\boxed{\text{NO}}x}dx+\boxed{\text{L}}$$

となる。

ここで，C を積分定数として

$$\int x^{\boxed{\text{I}}}e^{\boxed{\text{NO}}x}dx=-\frac{1}{\boxed{\text{PQ}}}\left(\boxed{\text{R}}x^2+\boxed{\text{S}}x+\boxed{\text{T}}\right)e^{\boxed{\text{NO}}x}+C$$

であるから

$$V=\frac{\boxed{\text{U}}\left(e-\boxed{\text{V}}\right)\pi}{\boxed{\text{WX}}e}$$

である。

⓪ 0　① $\dfrac{1}{3}$　② $\dfrac{2}{3}$　③ $\dfrac{1}{3e}$

④ $\dfrac{2}{3e}$　⑤ $\dfrac{\pi}{27e}$　⑥ $\dfrac{2\pi}{27e}$　⑦ $\dfrac{4\pi}{27e^2}$

⑧ $\dfrac{1}{3}\left(e+\dfrac{1}{e}\right)$　⑨ $\dfrac{1}{3}\left(e-\dfrac{1}{e}\right)$

Ⅳ の問題はこれで終わりです。Ⅳ の解答欄 Y ，Z はマークしないでください。
コース2の問題はこれですべて終わりです。解答用紙の Ⅴ はマークしないでください。

模擬試験

第5回

I

問 1　a，b を定数とし，2 つの曲線

$$y=ax^2-2(3a-1)x+8a-1 \quad \cdots\cdots \text{①}$$

$$y=-ax^2+4b+1 \quad \cdots\cdots \text{②}$$

を考える。次の問いに答えなさい。

(1)　$a\neq 0$ のとき，①の右辺を平方完成すると

$$y=a\left(x+\frac{\boxed{\mathbf{A}}}{a}-\boxed{\mathbf{B}}\right)^2-a-\frac{\boxed{\mathbf{C}}}{a}+\boxed{\mathbf{D}}$$

となる。

(2)　a の値にかかわらず，①はつねに 2 つの定点

$$\left(\boxed{\mathbf{E}},\ \boxed{\mathbf{F}}\right) \text{ と } \left(\boxed{\mathbf{G}},\ \boxed{\mathbf{H}}\right)$$

を通る。ただし，$\boxed{\text{E}}<\boxed{\text{G}}$ とする。

(3)　$a\neq 0$ のとき，①と②が異なる 2 点 A，B で交わるとする。直線 AB の方程式が $y=-5x+18$ であるとき，a，b の値を求めよう。

まず，①と②が異なる 2 点で交わるための条件は

$$\boxed{\mathbf{I}}\,a^2+\boxed{\mathbf{J}}\,a-\boxed{\mathbf{K}}\,ab-1<0 \quad \cdots\cdots \text{③}$$

である。

次に，①，②から，交点 A，B を通る直線の方程式は

$$y=\left(\boxed{\mathbf{L}}-\boxed{\mathbf{M}}\,a\right)x+\boxed{\mathbf{N}}\,a+\boxed{\mathbf{O}}\,b \quad \cdots\cdots \text{④}$$

と表せる。④が $y=-5x+18$ と一致するとき

$$a=\boxed{\mathbf{P}},\quad b=\boxed{\mathbf{Q}}$$

である。これは③を満たす。

（問 1 は次ページに続く）

よって

$$a = \boxed{\text{P}}, \ b = \boxed{\text{Q}}$$

である。

問 2　A_1，A_2，B_1，B_2，C_1，C_2 のように，アルファベットと数字を一組にした記号が，それぞれ 1 つずつ書かれた 6 個の球がある。これら 6 個の球を机の上に描かれた正六角形の 6 つの頂点に並べる。ただし，正六角形の 1 つの頂点には 1 個の球のみを並べることができる。また，回転して並べ方が一致するものは同じ並べ方とする。

(1)　6 個の球をすべて使う場合を考える。

(i)　A_1，A_2 と書かれた 2 つの球が隣り合う並べ方は全部で **RS** 通りある。

(ii)　数字の 1 と書かれた球と数字の 2 と書かれた球が交互に並ぶ並べ方は全部で **TU** 通りある。

(iii)　同じアルファベットの球が隣り合わないような並べ方は全部で何通りあるか求めよう。

A_1 と書かれた球を右の図の位置に固定すると，それと隣り合わない A_2 と書かれた球を置ける位置は

「イ」あるいは「エ」の位置

または

「ウ」の位置

である。

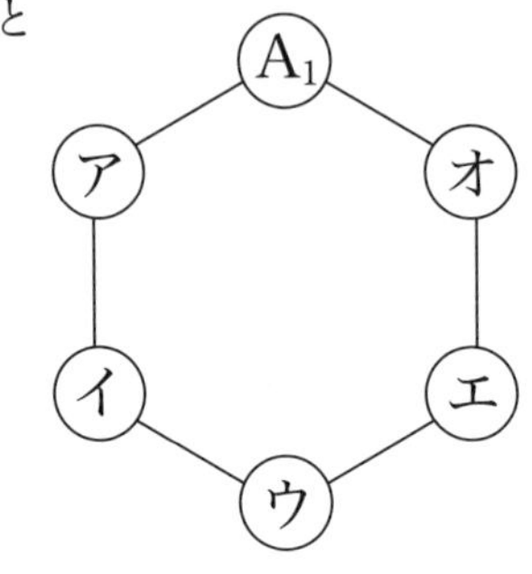

よって，求める並べ方は全部で **VW** 通りある。

(2)　6 個のうち 4 個の球だけを使う場合を考える。

このとき，正六角形の 6 つの頂点のうち 2 つは空いている。

よって，求める並べ方は全部で **XYZ** 通りある。

Ⅰ の問題はこれで終わりです。

II

問 1　数列 $\{a_n\}$ の初項から第 n 項までの和を S_n と表すとき

$$2S_n = a_n + 5 \cdot 2^n - 7 \quad (n = 1,\ 2,\ 3,\ \cdots\cdots)$$

が成り立っている。このとき，数列 $\{a_n\}$ の一般項 a_n と極限値 $\lim_{n \to \infty} \frac{a_n}{S_n}$ を求めよう。

まず，与えられた漸化式において，$n = 1$ とすると，$a_1 = \boxed{\mathbf{A}}$ を得る。

次に，a_n と a_{n+1} の関係を調べると

$$a_{n+1} = -a_n + \boxed{\mathbf{B}} \cdot \boxed{\mathbf{C}}^n \quad (n = 1,\ 2,\ 3,\ \cdots\cdots)$$

が成り立つ。

ここで，数列 $\{b_n\}$ を

$$b_n = \frac{a_n}{\boxed{\mathbf{D}}^n} \quad (n = 1,\ 2,\ 3,\ \cdots\cdots)$$

と定めると，$b_1 = \dfrac{\boxed{\mathbf{E}}}{\boxed{\mathbf{F}}}$ であり

$$b_{n+1} = -\frac{\boxed{\mathbf{G}}}{\boxed{\mathbf{H}}} b_n + \frac{\boxed{\mathbf{I}}}{\boxed{\mathbf{J}}} \quad (n = 1,\ 2,\ 3,\ \cdots\cdots)$$

となる。

よって，b_n が求まり

$$a_n = \frac{\left(-\boxed{\mathbf{K}}\right)^n + \boxed{\mathbf{L}} \cdot \boxed{\mathbf{M}}^n}{\boxed{\mathbf{N}}} \quad (n = 1,\ 2,\ 3,\ \cdots\cdots)$$

である。

また

$$\lim_{n \to \infty} \frac{a_n}{S_n} = \frac{\boxed{\mathbf{O}}}{\boxed{\mathbf{P}}}$$

である。

注）漸化式：recurrence formula

— 計算欄（memo）—

問 2　複素数平面上の異なる 3 点 O，A，B の表す複素数をそれぞれ 0，α，β とする。α，β が

$$\alpha^2-\sqrt{21}\alpha\beta+7\beta^2=0 \quad \cdots\cdots \text{①}$$

$$|2\alpha+(5-\sqrt{21})\beta|=4\sqrt{14} \quad \cdots\cdots \text{②}$$

を満たすとき，三角形 OAB の面積を求めよう。

まず，①より

$$\frac{\alpha}{\beta}=\frac{\sqrt{\boxed{\text{QR}}}\pm\sqrt{\boxed{\text{S}}}\,i}{\boxed{\text{T}}} \quad \cdots\cdots \text{③}$$

であるから

$$\left|\frac{\alpha}{\beta}\right|=\sqrt{\boxed{\text{U}}},\ \arg\frac{\alpha}{\beta}=\pm\frac{\pi}{\boxed{\text{V}}}$$

である。ただし，$-\pi<\arg\dfrac{\alpha}{\beta}<\pi$ とする。

次に，②，③より

$$|\beta|=\sqrt{\boxed{\text{W}}}$$

となる。

したがって，三角形 OAB の面積は $\dfrac{\boxed{\text{X}}\sqrt{\boxed{\text{Y}}}}{\boxed{\text{Z}}}$ である。

注）複素数平面：complex plane，複素数：complex number

— 計算欄（memo）—

Ⅱ の問題はこれで終わりです。

III

次の文中の $\boxed{\text{I}}$，$\boxed{\text{J}}$，$\boxed{\text{N}}$，$\boxed{\text{O}}$ には，右ページの選択肢⓪〜⑨の中から適するものを選び，その他の $\boxed{}$ には適する数を入れなさい。

k を定数とするとき，x に関する方程式

$$\frac{2\log 9x+\log 3}{x}=k \qquad \cdots\cdots ①$$

の実数解の個数を調べよう。ただし，必要ならば，$\displaystyle\lim_{x\to\infty}\frac{\log x}{x}=0$ であることを用いてよい。

まず，①の左辺を $f(x)$ とおくと，$f(x)$ の定義域は

$$x>\boxed{\text{A}} \qquad \cdots\cdots ②$$

である。

次に，$f(x)$ の導関数を求めると

$$f'(x)=\frac{\boxed{\text{B}}-\boxed{\text{C}}\log\boxed{\text{D}}-\boxed{\text{E}}\log x}{x^2}$$

である。

$f'(x)=0$ とすると

$$x=\frac{\sqrt{\boxed{\text{F}}}}{\boxed{\text{GH}}}e$$

である。

（III は次ページに続く）

注）定義域：domain

さらに

$$0<x<\frac{\sqrt{\boxed{\text{F}}}}{\boxed{\text{GH}}}e\text{のとき，}f'(x)\ \boxed{\text{I}}\ 0$$

$$x>\frac{\sqrt{\boxed{\text{F}}}}{\boxed{\text{GH}}}e\text{のとき，}f'(x)\ \boxed{\text{J}}\ 0$$

であり

$$f\left(\frac{\sqrt{\boxed{\text{F}}}}{\boxed{\text{GH}}}e\right)=\frac{\boxed{\text{KL}}\sqrt{\boxed{\text{M}}}}{e}$$

である。

また，$f(x)$は

$$\lim_{x\to\infty}f(x)=\boxed{\text{N}},\quad \lim_{x\to\boxed{\text{A}}+0}f(x)=\boxed{\text{O}}$$

を満たす。

以上の結果に基づいて，$f(x)$のグラフを考えると，方程式①の実数解の個数は

$$k>\frac{\boxed{\text{KL}}\sqrt{\boxed{\text{M}}}}{e}\text{のとき，}\boxed{\text{P}}\text{個}$$

$$k=\frac{\boxed{\text{KL}}\sqrt{\boxed{\text{M}}}}{e}\text{のとき，}\boxed{\text{Q}}\text{個}$$

$$\boxed{\text{R}}<k<\frac{\boxed{\text{KL}}\sqrt{\boxed{\text{M}}}}{e}\text{のとき，}\boxed{\text{S}}\text{個}$$

$$k\leqq\boxed{\text{R}}\text{のとき，}\boxed{\text{T}}\text{個}$$

である。

⓪ 0	① 1	② 2	③ -1	④ -2
⑤ ∞	⑥ $-\infty$	⑦ $<$	⑧ $>$	⑨ $=$

III の問題はこれで終わりです。III の解答欄  $\boxed{\text{U}}$ ～ $\boxed{\text{Z}}$ はマークしないでください。

IV

右図のように，xy 平面に原点を中心とする半径 5 の円 O があり，半径 2 の円 A が円 O の内側を円 O と接しながら，滑ることなく転がる。はじめ，円 A の中心は $A_0(3,\ 0)$ にあり，円 A 上の点 P は点 B$(5,\ 0)$ と重なるとする。

円 A が円 O の内側を 1 周して，その中心が A_0 から出発してふたたび A_0 に戻るまでの点 P の軌跡について考えよう。

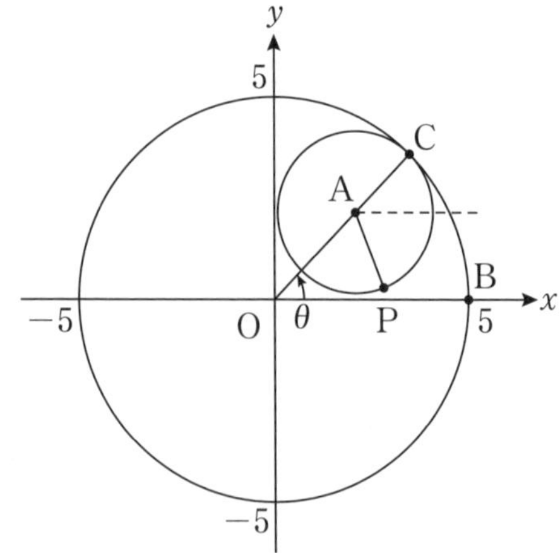

(1) 点 A が原点を中心として A_0 から角 θ だけ回転したとき，点 P の座標 $(x,\ y)$ を θ で表してみよう。

このとき，円 O と円 A の接点を C とすると，$\overset{\frown}{BC} = \boxed{\mathbf{A}}\,\theta$ であり，$\overset{\frown}{BC} = \overset{\frown}{CP}$ であることから

$$\angle CAP = \frac{\boxed{\mathbf{B}}}{\boxed{\mathbf{C}}}\theta$$

が得られる。

したがって，$\overrightarrow{OP} = \overrightarrow{OA} + \overrightarrow{AP}$ であることから，点 P の座標 $(x,\ y)$ は，θ を媒介変数として

$$\begin{cases} x = \boxed{\mathbf{D}}\cos\theta + \boxed{\mathbf{E}}\cos\dfrac{\boxed{\mathbf{F}}}{\boxed{\mathbf{G}}}\theta \\ y = \boxed{\mathbf{H}}\sin\theta - \boxed{\mathbf{I}}\sin\dfrac{\boxed{\mathrm{F}}}{\boxed{\mathrm{G}}}\theta \end{cases}$$

と表される。

特に，円 A が円 O の内側を 1 周したとき，対応する θ の値は $\theta = \boxed{\mathbf{J}}\,\pi$ であり，このときの点 P の座標は $\left(\boxed{\mathbf{K}},\ \boxed{\mathbf{L}}\right)$ である。

（IVは次ページに続く）

(2) (1)で得た点Pの座標の媒介変数表示を用いて，$0<\theta<$ [J] π における点Pの軌跡と x 軸との交点の座標を求めよう。

$0<\theta<$ [J] π において，$\sin\dfrac{\theta}{2}\neq 0$ であることに注意して

$$\boxed{\text{H}}\sin\theta-\boxed{\text{I}}\sin\frac{\boxed{\text{F}}}{\boxed{\text{G}}}\theta=0$$

を整理すると

$$\boxed{\text{M}}\cos^{\boxed{\text{N}}}\frac{\theta}{2}-\boxed{\text{O}}\cos\frac{\theta}{2}-1=0$$

が得られる。

よって，点Pの軌跡と x 軸が交わるとき

$$\cos\frac{\theta}{2}=-\frac{\boxed{\text{P}}}{\boxed{\text{Q}}}$$

である。

したがって，求める交点の座標は $\left(-\dfrac{\boxed{\text{R}}}{\boxed{\text{S}}},\ 0\right)$ である。

(3) 円Aが円Oの内側を1周したときの点Pの軌跡の長さを求めよう。

(1)で得た点Pの座標の媒介変数表示を用いて

$$\left(\frac{dx}{d\theta}\right)^2+\left(\frac{dy}{d\theta}\right)^2=\boxed{\text{TU}}\sin^{\boxed{\text{V}}}\frac{\boxed{\text{W}}}{\boxed{\text{X}}}\theta$$

となる。

したがって，求める点Pの軌跡の長さは [YZ] である。

[IV] の問題はこれで終わりです。

コース2の問題はこれですべて終わりです。解答用紙の [V] はマークしないでください。

模擬試験

第6回

I

問1　a を実数とし，2次関数

$$f(x)=x^2-6x+a+3 \qquad \cdots\cdots \text{①}$$

の $a \leqq x \leqq a+2$ における最小値を $m(a)$ とする。

(1)　①は

$$f(x)=\left(x-\boxed{\text{A}}\right)^2+a-\boxed{\text{B}}$$

と表すことができる。

したがって

(i)　$a<\boxed{\text{C}}$ のとき

$$m(a)=a^2-a-\boxed{\text{D}}$$

(ii)　$\boxed{\text{C}} \leqq a \leqq \boxed{\text{E}}$ のとき

$$m(a)=a-\boxed{\text{F}}$$

(iii)　$a>\boxed{\text{E}}$ のとき

$$m(a)=a^2-\boxed{\text{G}}\,a+\boxed{\text{H}}$$

である。

(2)　$m(a)$ が最小となるのは，$a=\dfrac{\boxed{\text{I}}}{\boxed{\text{J}}}$ のときであり，このときの $m(a)$ の値は

$\dfrac{\boxed{\text{KLM}}}{\boxed{\text{N}}}$ である。

― 計算欄（memo）―

問 2　8 枚の異なる硬貨がある。次の問いに答えなさい。

(1)　すべての硬貨を 2 つの貯金箱 A，B のどちらかに入れるとき，どちらにも少なくとも 1 枚の硬貨を入れる入れ方は **OPQ** 通りある。

(2)　すべての硬貨を 3 つの貯金箱 A，B，C のどれかに入れることを考える。

(i)　A，B，C のどれか 1 つの貯金箱にだけすべての硬貨を入れる入れ方は **R** 通りある。

(ii)　A，B，C のうち，ちょうど 2 つの貯金箱にすべての硬貨を入れる入れ方は **STU** 通りある。

よって，A，B，C のどの箱にも少なくとも 1 枚の硬貨を入れる入れ方は **VWXY** 通りある。

— 計算欄（memo）—

Ⅰ の問題はこれで終わりです。 Ⅰ の解答欄 **Z** はマークしないでください。

Ⅱ

問 1　座標空間内に 4 点 A $(-2,\ 1,\ 4)$，B $(2,\ 3,\ 2)$，C $(1,\ 2,\ -7)$，D $(2,\ 5,\ -5)$ がある。

点 P が直線 AB 上を動くとき，$\overrightarrow{\mathrm{OP}}$ は実数 t を用いて

$$\overrightarrow{\mathrm{OP}} = \overrightarrow{\mathrm{OA}} + t\,\overrightarrow{\mathrm{AB}}$$
$$= \left(\boxed{\mathbf{A}},\ \boxed{\mathbf{B}},\ \boxed{\mathbf{C}}\right)$$

と表せる。ただし，A，B，C には，次の選択肢⓪～⑨の中から適するものを選びなさい。

⓪　$2t+1$　　①　$2t-1$　　②　$-2t+1$　　③　$2t+4$　　④　$2t-4$

⑤　$-2t+4$　　⑥　$4t+2$　　⑦　$4t-2$　　⑧　$-4t-2$　　⑨　$-4t+2$

(1)　点 P が点 C から直線 AB に下ろした垂線の足であるとき

$$\overrightarrow{\mathrm{CP}} \cdot \overrightarrow{\mathrm{AB}} = \boxed{\mathbf{D}}$$

であるから

$$t = \frac{\boxed{\mathbf{E}}}{\boxed{\mathbf{F}}}$$

である。また，このときの点 P の座標は P$\left(\boxed{\mathbf{G}},\ \boxed{\mathbf{H}},\ \boxed{\mathbf{I}}\right)$ である。

(2)　点 P と直線 CD の距離を d とする。d の最小値およびこのときの点 P の座標を求めよう。

点 P から直線 CD に下ろした垂線の足を Q とすると，$\overrightarrow{\mathrm{OP}}$ の表し方と同様に，$\overrightarrow{\mathrm{OQ}}$ は実数 s を用いて

$$\overrightarrow{\mathrm{OQ}} = \overrightarrow{\mathrm{OC}} + s\,\overrightarrow{\mathrm{CD}}$$

と表せる。

（問 1 は次ページに続く）

dが最小になるとき，$\overrightarrow{\mathrm{PQ}} \perp \overrightarrow{\mathrm{AB}}$，$\overrightarrow{\mathrm{PQ}} \perp \overrightarrow{\mathrm{CD}}$が成り立つから

$$t = \boxed{\mathbf{J}},\ s = \boxed{\mathbf{K}}$$

である。

したがって，点Pが$\left(\boxed{\mathbf{L}},\ \boxed{\mathbf{M}},\ \boxed{\mathbf{N}}\right)$にあるとき，$d$は最小値$\boxed{\mathbf{O}}\sqrt{\boxed{\mathbf{P}}}$をとる。

問 2　複素数平面上に 0，$4+3i$，$8+5i$ を表す点をそれぞれ O，A，B とする。A，B と一直線上にない点 P は次の条件を満たしながら動く。

(*)　三角形 PAB が $\angle\mathrm{APB}=\dfrac{\pi}{2}$ とする直角三角形である。

このとき，点 P の表す複素数 z は

$$\left|z-\boxed{\mathbf{Q}}-\boxed{\mathbf{R}}\,i\right|=\sqrt{\boxed{\mathbf{S}}}\quad\cdots\cdots\quad ①$$

を満たす。

(1)　三角形 PAB の面積が最大になるとき

$$z=\boxed{\mathbf{T}}+\boxed{\mathbf{U}}\,i\quad \text{または}\quad z=\boxed{\mathbf{V}}+\boxed{\mathbf{W}}\,i$$

である。ただし，$\boxed{\mathrm{T}}<\boxed{\mathrm{V}}$ とする。

(2)　次の文中の $\boxed{}$ には，下の選択肢⓪～⑨の中から適するものを選びなさい。

$\gamma=\boxed{\mathrm{Q}}+\boxed{\mathrm{R}}\,i$ とする。①より，$z-\gamma$ の極形式は

$$z-\gamma=\sqrt{\boxed{\mathrm{S}}}\,(\cos\theta+i\sin\theta)\quad(0\leqq\theta<2\pi)$$

と表せる。

3 点 O，A，P が一直線上にあるとき

$$\cos\theta=\boxed{\mathbf{X}}$$

であり

$$z=\boxed{\mathbf{Y}}+\boxed{\mathbf{Z}}\,i$$

である。

⓪ $\dfrac{18\sqrt{5}}{125}$　① $\dfrac{22\sqrt{5}}{125}$　② $\dfrac{26\sqrt{5}}{125}$　③ $\dfrac{38\sqrt{5}}{125}$　④ $\dfrac{126}{25}$

⑤ $\dfrac{132}{25}$　⑥ $\dfrac{141}{25}$　⑦ $\dfrac{168}{25}$　⑧ $\dfrac{176}{25}$　⑨ $\dfrac{188}{25}$

注）複素数平面：complex plane，極形式：polar form

— 計算欄（memo）—

Ⅱ の問題はこれで終わりです。

Ⅲ

区間$0<x<\frac{\pi}{4}$で定義された関数$f(x)=\sin 2x$のグラフをCとし，C上の点$\mathrm{P}(t,\ \sin 2t)$における法線をnとする。ただし，点Pにおける法線とは，Pを通り，かつPにおける接線に直交する直線のことである。

さらに，nとx軸との交点をQ，点Pと点Qの距離を$g(t)$とする。次の問いに答えなさい。

(1) 次の文中の［A］～［C］には，下の選択肢⓪～⑨の中から適するものを選びなさい。

Cの点Pにおける接線の傾きが［A］であるから，法線nの方程式は

$$y=\boxed{\mathrm{B}}(x-t)+\sin 2t$$

である。

よって，点Qの座標は$\left(\boxed{\mathrm{C}}+t,\ 0\right)$である。

⓪ $\cos 2t$　① $2\cos 2t$　② $\sin 2t\cos 2t$　③ $2\sin 2t\cos 2t$

④ $-\sin 2t\cos 2t$　⑤ $-2\sin 2t\cos 2t$　⑥ $\frac{1}{\cos 2t}$　⑦ $\frac{1}{2\cos 2t}$

⑧ $-\frac{1}{\cos 2t}$　⑨ $-\frac{1}{2\cos 2t}$

(2) $g(t)$の最大値を求めよう。

$\sin 2t=u$とおくと，uのとり得る値の範囲は$\boxed{\mathrm{D}}<u<\boxed{\mathrm{E}}$である。

このuを用いて，$g(t)$の2乗は

$$\left(g(t)\right)^2=-\boxed{\mathrm{F}}\,u^{\boxed{\mathrm{G}}}+\boxed{\mathrm{H}}\,u^{\boxed{\mathrm{I}}}$$

と表せる。

よって，$u=\frac{\sqrt{\boxed{\mathrm{JK}}}}{\boxed{\mathrm{L}}}$のとき，$g(t)$は最大値$\frac{\boxed{\mathrm{M}}}{\boxed{\mathrm{N}}}$をとる。

（Ⅲは次ページに続く）

(3) C と n および x 軸で囲まれた部分の面積を $S(t)$ とおくとき，$S(t)$ の最大値を求めよう。

$S(t)$ の導関数 $\dfrac{dS}{dt}$ は，(2)の u を用いて

$$\frac{dS}{dt} = -\boxed{\mathbf{O}}\,u^{\boxed{\mathbf{P}}} + \boxed{\mathbf{Q}}\,u$$

と表せる。

したがって，$S(t)$ が最大になるときの t の値を t_0 とおくと

$$\sin 2t_0 = \frac{\sqrt{\boxed{\mathbf{RS}}}}{\boxed{\mathbf{T}}}，\quad \cos 2t_0 = \frac{\sqrt{\boxed{\mathbf{U}}}}{\boxed{\mathrm{T}}}$$

であり，$S(t)$ の最大値は

$$\frac{\boxed{\mathbf{V}} + \sqrt{\boxed{\mathbf{W}}}}{\boxed{\mathbf{XY}}}$$

である。

III の問題はこれで終わりです。 III の解答欄 **Z** はマークしないでください。

Ⅳ

方程式

$$f(x)=6e^{3x}+3\int_0^x e^{3t-3x}f(t)dt+2\int_0^1 e^{3x-3t}f(t)dt \quad \cdots\cdots \quad ①$$

を満たす微分可能な関数 $f(x)$ を求めよう。

①の右辺の第3項について，$\int_0^1 e^{-3t}f(t)dt$ は定数であることに注意して

$$\int_0^1 e^{-3t}f(t)dt=k \quad \cdots\cdots \quad ②$$

とおく。

まず，①の両辺を x で微分すると

$$f'(x)=\left(\boxed{\text{A}}k+\boxed{\text{BC}}\right)e^{3x}-\boxed{\text{D}}e^{-3x}\int_0^x e^{3t}f(t)dt+\boxed{\text{E}}f(x) \quad \cdots\cdots \quad ③$$

となる。

次に，①，③から，$f(x)$ を消去すると

$$f'(x)=\left(\boxed{\text{FG}}k+\boxed{\text{HI}}\right)e^{3x}$$

を得る。よって

$$f(x)=\left(\boxed{\text{J}}k+\boxed{\text{KL}}\right)e^{3x}+C \text{（}C\text{は積分定数）}$$

となる。

また，①において，$f(0)=\boxed{\text{M}}k+\boxed{\text{N}}$ であるから，$C=\boxed{\text{OP}}k-\boxed{\text{Q}}$ である。

よって

$$f(x)=\boxed{\text{R}}\left(k+\boxed{\text{S}}\right)\left(\boxed{\text{T}}e^{3x}-1\right)$$

と表せる。

さらに，これを②に代入して計算すると，k が求まり

$$f(x)=-\frac{\boxed{\text{UV}}e^3}{\boxed{\text{W}}e^3+\boxed{\text{X}}}\left(\boxed{\text{T}}e^{3x}-1\right)$$

である。

Ⅳ の問題はこれで終わりです。Ⅳ の解答欄 **Y** ， **Z** はマークしないでください。
コース２の問題はこれですべて終わりです。解答用紙の Ⅴ はマークしないでください。

模擬試験

第7回

I

問1　a，bを定数とする。2つの放物線C_1，C_2と1つの直線ℓの方程式は次のように与えられている。

$$C_1 : y = x^2 - 2x + 1$$

$$C_2 : y = 2x^2 - 8x + 9$$

$$\ell : y = ax + b$$

C_1とℓは相異なる2つの交点A，Bをもち，A，Bの中点MはC_2上にあるとする。

(1)　aとbの関係について調べよう。

A，Bのx座標をそれぞれα，βとすると，α，βが2次方程式

$$x^2 - \left(a + \boxed{\mathbf{A}}\right)x - b + \boxed{\mathbf{B}} = 0 \quad \cdots\cdots \quad ①$$

の2つの解であるから，それらの和は

$$\alpha + \beta = a + \boxed{\mathbf{C}}$$

である。よって，A，Bの中点Mの座標は

$$\mathrm{M}\left(\frac{a}{\boxed{\mathbf{D}}} + \boxed{\mathbf{E}},\ \frac{a^2}{\boxed{\mathbf{F}}} + a + b\right)$$

となる。

点MがC_2上にあることから，bはaを用いて

$$b = \boxed{\mathbf{GH}}\,a + \boxed{\mathbf{I}}$$

と表せる。

(2)　aの値の範囲を求めよう。

C_1とℓが相異なる2つの交点をもつのは，①が異なる2つの実数解をもつときであるから，aの値の範囲は

$$a < \boxed{\mathbf{J}},\quad \boxed{\mathbf{K}} < a$$

である。

— 計算欄（memo）—

問 2　次の問いに答えなさい。

⑴　右図のように，大きい正五角形の内部中央に小さい正五角形が置かれ，両者のそれぞれの 5 つの頂点をペアで結んでいる。各領域を次のように塗る方法が何通りあるか求めよう。ただし，隣り合う領域には異なる色を塗り，裏返すことはなく，回転して同じになる塗り方は同じものとみなす。

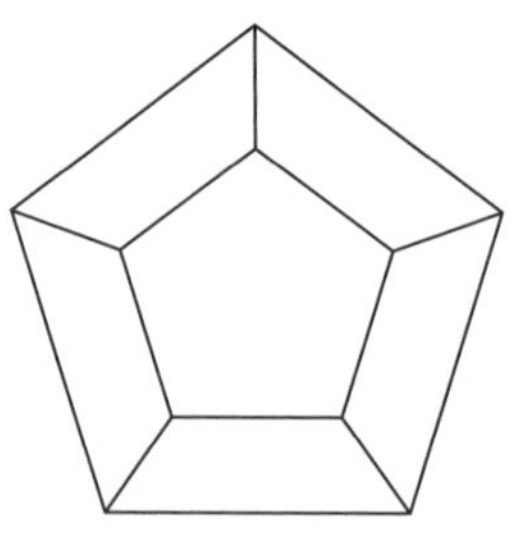

(i)　6 つの異なる色を全部使って塗る方法は **LMN** 通りある。

(ii)　5 つの異なる色を全部使って塗る方法は **OPQ** 通りある。

(iii)　4 つの異なる色を全部使って塗る方法は **RS** 通りある。

⑵　正五角柱の 7 つの面を 5 つの異なる色を全部使って塗る方法が何通りあるか求めよう。ただし，隣り合う面には異なる色を塗り，回転して同じになる塗り方は同じものとみなす。

(i)　底面とその向かい側にある上面を同じ色で塗るような塗り方は **TU** 通りある。

(ii)　底面とその向かい側にある上面を異なる色で塗るような塗り方は **VW** 通りある。

よって，求める塗り方は全部で **XYZ** 通りある。

I の問題はこれで終わりです。

II

問 1　平面上の三角形 ABC に対して，点 P と実数 k は

$$3\overrightarrow{PA}+7\overrightarrow{PB}+2\overrightarrow{PC}=k\overrightarrow{AB}$$

を満たしているとする。

このとき，$\overrightarrow{AP}$ を $\overrightarrow{AB}$ と $\overrightarrow{AC}$ を用いて表すと

$$\overrightarrow{AP}=\frac{\boxed{\textbf{A}}-k}{\boxed{\textbf{BC}}}\overrightarrow{AB}+\frac{1}{\boxed{\textbf{D}}}\overrightarrow{AC}\qquad\cdots\cdots\ ①$$

となる。

(1)　次の文中の $\boxed{\textbf{E}}$，$\boxed{\textbf{H}}$ には，下の選択肢⓪～⑧の中から適するものを選びなさい。また，その他の $\boxed{}$ には，適する数を入れなさい。

①において，$k=0$ としたとき，点 P がどのような位置にあるかを調べよう。

線分 BC を $\boxed{\textbf{E}}$ に内分する点を D とすると

$$\overrightarrow{AP}=\frac{\boxed{\textbf{F}}}{\boxed{\textbf{G}}}\overrightarrow{AD}$$

と表せる。

よって，点 P は線分 AD を $\boxed{\textbf{H}}$ に内分する点である。

⓪　1 : 1	①　1 : 3	②　1 : 4
③　2 : 7	④　3 : 1	⑤　3 : 4
⑥　4 : 1	⑦　4 : 3	⑧　7 : 2

（問 1 は次ページに続く）

注）内分する：divide internally

(2) 次の文中の［ I ］，［ J ］には，下の選択肢⓪～②の中から適するものを選びなさい。また，その他の［　］には，適する数を入れなさい。

点 P が三角形 ABC の内部にあるような k の値の範囲を求めよう。

①において，$\dfrac{1}{\boxed{\text{D}}} > 0$ であるから，点 P が三角形 ABC の内部にあるための条件は

$$\frac{\boxed{\text{A}} - k}{\boxed{\text{BC}}} + \frac{1}{\boxed{\text{D}}} \ \boxed{\text{I}}\ 1 \quad \text{かつ} \quad \frac{\boxed{\text{A}} - k}{\boxed{\text{BC}}} \ \boxed{\text{J}}\ 0$$

である。

よって，求める k の値の範囲は

$$-\boxed{\text{K}} < k < \boxed{\text{L}}$$

である。

⓪ $<$　　① $=$　　② $>$

問 2　r は正の実数とする。2 つの円

$$C_1 : x^2+y^2-1=0$$
$$C_2 : x^2+y^2-6x-4y+13-r^2=0$$

を考える。

(1)　C_2 は

$$\left(x-\boxed{\text{M}}\right)^2+\left(y-\boxed{\text{N}}\right)^2=r^2$$

と変形できるから，C_1 と C_2 が共有点をもつような r の値の範囲は

$$\sqrt{\boxed{\text{OP}}}-\boxed{\text{Q}} \leqq r \leqq \sqrt{\boxed{\text{OP}}}+\boxed{\text{Q}} \qquad \cdots\cdots \ ①$$

である。

(2)　次の文中の $\boxed{\text{W}}$ ～ $\boxed{\text{Z}}$ には，右ページの選択肢⓪～⑨の中から適するものを選び，その他の $\boxed{}$ には適する数を入れなさい。

以下，r を①を満たす最小の整数とすると，$r=\boxed{\text{R}}$ である。

このとき，k を実数として，曲線

$$C_3 : x^2+y^2-1+k\left(x^2+y^2-6x-4y+13-\boxed{\text{R}}^2\right)=0$$

を考える。

(i)　$k=-\boxed{\text{S}}$ のとき，C_3 は C_1 と C_2 の 2 つの交点を通る直線を表し，その方程式は

$$\boxed{\text{T}}\,x+\boxed{\text{U}}\,y-\boxed{\text{V}}=0$$

である。

(ii)　$k \neq -\boxed{\text{S}}$ のとき，C_3 は C_1 と C_2 の 2 つの交点を通る円を表す。さらに，C_3 が原点を通るとき

$$k=\boxed{\text{W}}$$

である。

（問 2 は次ページに続く）

このとき，C_3 の中心の座標は $\left(\boxed{\textbf{X}},\ \boxed{\textbf{Y}}\right)$，半径は $\boxed{\textbf{Z}}$ である。

⓪ $\frac{1}{13}$　① $\frac{1}{10}$　② $\frac{1}{4}$　③ $\frac{2}{5}$　④ $\frac{13}{25}$

⑤ $\frac{3}{5}$　⑥ $\frac{\sqrt{13}}{5}$　⑦ $\frac{4}{5}$　⑧ $\frac{\sqrt{65}}{5}$　⑨ $\frac{13}{5}$

Ⅱ の問題はこれで終わりです。

III

次の文中の **F** , **I** , **J** には，次の選択肢

⓪ 増加　　　① 減少

のどちらか適するものを選び，その他の ☐ には適する数を入れなさい。

関数

$$f(x)=-e^{-x}\cos x$$

を考える。$x>0$ において，$f(x)$が極大値をとる x の値を小さい方から順に並べたものを x_1，x_2，x_3，……とする。この数列の一般項 x_n と無限級数 $\sum_{n=1}^{\infty} f(x_n)$ の和を求めよう。

まず，$f(x)$を微分すると

$$f'(x)=\sqrt{\boxed{\mathbf{A}}}\,e^{-x}\sin\left(x+\frac{\pi}{\boxed{\mathbf{B}}}\right)$$

と表せる。

ここで，e^{-x}がつねに正で，$\sin\left(x+\frac{\pi}{\boxed{\text{B}}}\right)$が基本周期 $\boxed{\mathbf{C}}\,\pi$ の周期関数であることに注意する。$0\leqq x\leqq \boxed{\text{C}}\,\pi$ において，$f(x)$は

$$0\leqq x\leqq\frac{\boxed{\mathbf{D}}}{\boxed{\mathbf{E}}}\pi \text{ のとき，} \boxed{\mathbf{F}}$$

$$\frac{\boxed{\text{D}}}{\boxed{\text{E}}}\pi\leqq x\leqq\frac{\boxed{\mathbf{G}}}{\boxed{\mathbf{H}}}\pi \text{ のとき，} \boxed{\mathbf{I}}$$

$$\frac{\boxed{\text{G}}}{\boxed{\text{H}}}\pi\leqq x\leqq \boxed{\text{C}}\,\pi \text{ のとき，} \boxed{\mathbf{J}}$$

である。

（III は次ページに続く）

よって，極大値をとる最小の x の値は

$$x_1 = \frac{\boxed{\mathbf{K}}}{\boxed{\mathbf{L}}}\pi$$

である。

したがって，周期性より

$$x_n = \frac{\boxed{\mathrm{K}}}{\boxed{\mathrm{L}}}\pi + \boxed{\mathrm{C}}\,(n-1)\pi \quad (n=1,\ 2,\ 3, \cdots\cdots)$$

である。

また

$$f(x_n) = \frac{\sqrt{\boxed{\mathbf{M}}}}{\boxed{\mathbf{N}}\,e^{\frac{\boxed{\mathbf{O}}}{\boxed{\mathbf{P}}}\pi}} \cdot \left(\frac{1}{e^{\boxed{\mathbf{Q}}\pi}}\right)^{n-1}$$

である。

よって，数列 $\{f(x_n)\}$ は初項 $\dfrac{\sqrt{\boxed{\mathrm{M}}}}{\boxed{\mathrm{N}}\,e^{\frac{\boxed{\mathrm{O}}}{\boxed{\mathrm{P}}}\pi}}$，公比 $\dfrac{1}{e^{\boxed{\mathrm{Q}}\pi}}$ の等比数列である。

$0 < \dfrac{1}{e^{\boxed{\mathrm{Q}}\pi}} < 1$ であるから，$\displaystyle\sum_{n=1}^{\infty} f(x_n)$ は収束して

$$\sum_{n=1}^{\infty} f(x_n) = \frac{\sqrt{\boxed{\mathbf{R}}}\,e^{\frac{\boxed{\mathbf{S}}}{\boxed{\mathbf{T}}}\pi}}{\boxed{\mathbf{U}}\left(e^{\boxed{\mathbf{V}}\pi} - \boxed{\mathbf{W}}\right)}$$

を得る。

注）公比：common ratio，等比数列：geometric progression

Ⅲ の問題はこれで終わりです。Ⅲ の解答欄 **X** ～ **Z** はマークしないでください。

IV

関数

$$f(x)=\frac{4x+1}{\sqrt{x^2+3}}$$

について考える。

(1) 次の文中の **E** , **F** と **J** ～ **M** には，下の選択肢⓪～⑨の中から適するものを選びなさい。また，その他の [ ] には，適する数を入れなさい。

$f(x)$の値域を求めよう。

$f(x)$の導関数を求めると

$$f'(x)=\frac{\boxed{\mathbf{AB}}-x}{(x^2+3)^{\frac{\boxed{\mathbf{C}}}{\boxed{\mathbf{D}}}}}$$

であるから，$f(x)$は

$x\leqq$ [AB] のとき， **E**

$x\geqq$ [AB] のとき， **F**

である。

また

$$\lim_{x\to\infty}f(x)=\boxed{\mathbf{G}},\quad \lim_{x\to-\infty}f(x)=\boxed{\mathbf{HI}}$$

であるから，$f(x)$の値域は

J **K** $f(x)$ **L** **M**

である。

⓪ 0	① $-\frac{1}{4}$	② [AB]	③ $f($[AB]$)$	④ [G]
⑤ [HI]	⑥ $<$	⑦ $\leqq$	⑧ 増加	⑨ 減少

（IVは次ページに続く）

(2) 次の文中の $\boxed{\mathbf{O}}$, $\boxed{\mathbf{R}}$, $\boxed{\mathbf{S}}$, $\boxed{\mathbf{T}}$, $\boxed{\mathbf{W}}$, $\boxed{\mathbf{X}}$ には，下の選択肢⓪～⑨の中から適するものを選びなさい。また，その他の $\boxed{}$ には適する数を入れなさい。

定積分 $A=\int_0^3 f(x)\,dx$ を求めよう。

$x=\sqrt{\boxed{\mathbf{N}}}\tan\theta$ と置き換えると

$$\frac{dx}{d\theta}=\sqrt{\boxed{\text{N}}}\cdot\boxed{\mathbf{O}}$$

であり

$$A=\int_0^{\frac{\pi}{\boxed{\mathbf{P}}}}\left(\boxed{\mathbf{Q}}\sqrt{\boxed{\text{N}}}\cdot\boxed{\mathbf{R}}+\boxed{\mathbf{S}}\right)d\theta$$

と変形できる。

ここで

$$\int_0^{\frac{\pi}{\boxed{\text{P}}}}\boxed{\text{Q}}\sqrt{\boxed{\text{N}}}\cdot\boxed{\text{R}}\,d\theta=\boxed{\text{Q}}\sqrt{\boxed{\text{N}}}\Big[\boxed{\mathbf{T}}\Big]_0^{\frac{\pi}{\boxed{\text{P}}}}$$

$$=\boxed{\mathbf{U}}\sqrt{\boxed{\mathbf{V}}}$$

$$\int_0^{\frac{\pi}{\boxed{\text{P}}}}\boxed{\text{S}}\,d\theta=\Big[\log\left|\boxed{\mathbf{W}}+\boxed{\mathbf{X}}\right|\Big]_0^{\frac{\pi}{\boxed{\text{P}}}}$$

$$=\log\left(\boxed{\mathbf{Y}}+\sqrt{\boxed{\mathbf{Z}}}\right)$$

である。ただし，$\boxed{\text{W}}$, $\boxed{\text{X}}$ は番号の小さい順で答えなさい。

以上より

$$A=\boxed{\text{U}}\sqrt{\boxed{\text{V}}}+\log\left(\boxed{\text{Y}}+\sqrt{\boxed{\text{Z}}}\right)$$

である。

⓪ $\sin\theta$	① $\tan\theta$	② $\dfrac{1}{\sin\theta}$	③ $\dfrac{1}{\sin^2\theta}$	④ $\dfrac{\cos\theta}{\sin^2\theta}$
⑤ $\cos\theta$	⑥ $\dfrac{1}{\tan\theta}$	⑦ $\dfrac{1}{\cos\theta}$	⑧ $\dfrac{1}{\cos^2\theta}$	⑨ $\dfrac{\sin\theta}{\cos^2\theta}$

$\boxed{\text{IV}}$ の問題はこれで終わりです。

コース2の問題はこれですべて終わりです。解答用紙の $\boxed{\text{V}}$ はマークしないでください。

模擬試験

第8回

I

問 1　a を定数とする。2 つの関数

$$y = ax + 5a - 7 \quad \cdots\cdots \text{①}$$

$$y = \frac{1}{3}|x^2 - 2x - 8| + 2x \quad \cdots\cdots \text{②}$$

について考える。

(1)　①のグラフは a の値にかかわらず，つねに定点

$$\left(-\boxed{\mathbf{A}},\ -\boxed{\mathbf{B}}\right)$$

を通る。

(2)　②は絶対値記号をはずすことにより

(i)　$x \leqq -\boxed{\mathbf{C}}$ または $x \geqq \boxed{\mathbf{D}}$ のとき

$$y = \frac{1}{3}\left(x^2 + \boxed{\mathbf{E}}\,x - 8\right) \quad \cdots\cdots \text{③}$$

(ii)　$-\boxed{\mathrm{C}} < x < \boxed{\mathrm{D}}$ のとき

$$y = -\frac{1}{3}\left(x^2 - \boxed{\mathbf{F}}\,x - 8\right) \quad \cdots\cdots \text{④}$$

となる。

また，②のグラフ上の x 座標が $-\boxed{\mathrm{C}}$，$\boxed{\mathrm{D}}$ の点をそれぞれ P，Q とすると，①のグラフが点 P を通るのは

$$a = \boxed{\mathbf{G}}$$

のときであり，①のグラフが点 Q を通るのは

$$a = \frac{\boxed{\mathbf{H}}}{\boxed{\mathbf{I}}}$$

のときである。

（問 1 は次ページに続く）

次の(3)，(4)の文中の **P** ～ **S** には，下の選択肢⓪～⑦の中から適するものを選びなさい。また，その他の [　] には適する数を入れなさい。

(3) xが実数全体を動くとき，①のグラフと③のグラフが接するのは

$$a=-\boxed{\textbf{J}}\pm\boxed{\textbf{K}}\sqrt{\boxed{\textbf{L}}}$$

のときであり，①のグラフと④のグラフが接するのは

$$a=\boxed{\textbf{M}}\quad\text{または}\quad a=\boxed{\textbf{NO}}$$

のときである。

よって，①のグラフと②のグラフが接するのは

$$a=\boxed{\textbf{P}}\quad\text{または}\quad a=\boxed{\textbf{Q}}$$

のときである。ただし，[P]，[Q] は番号の小さい順で答えなさい。

(4) ①のグラフと②のグラフが異なる4個の共有点をもつようなaの値の範囲は

$$\boxed{\textbf{R}}<a<\boxed{\textbf{S}}$$

である。

⓪ $-\boxed{\text{C}}$

① $\boxed{\text{D}}$

② $\boxed{\text{G}}$

③ $\dfrac{\boxed{\text{H}}}{\boxed{\text{I}}}$

④ $-\boxed{\text{J}}-\boxed{\text{K}}\sqrt{\boxed{\text{L}}}$

⑤ $-\boxed{\text{J}}+\boxed{\text{K}}\sqrt{\boxed{\text{L}}}$

⑥ $\boxed{\text{M}}$

⑦ $\boxed{\text{NO}}$

問 2　次の文中の［　　］には，下の選択肢⓪～⑨の中から適するものを選びなさい。

あるウイルスに感染しているかどうかを診断する検査において，感染者が正しく陽性と判定される確率は 70% であり，このウイルスに感染していない人が誤って陽性と判定される確率は 2% である。全体の 8% がこのウイルスに感染している集団の中の 1 人がこの検査を受けた。

(1)　検査を受けた人は陽性と判定された。この人がウイルスに感染している確率を求めよう。

集団から 1 人を選んだとき

(i)　その人がウイルスに感染して，陽性と判定される確率は［ T ］である。

(ii)　その人がウイルスに感染していないが，陽性と判定される確率は［ U ］である。

(iii)　その人が陽性と判定される確率は［ V ］である。

よって，求める陽性と判定されたとき，ウイルスに感染している確率は［ W ］である。

(2)　検査を受けた人は陰性と判定された。この人が実際にはウイルスに感染している確率を求めよう。

集団から 1 人を選んだとき，その人がウイルスに感染して，陰性と判定される確率は［ X ］である。

よって，求める陰性と判定されたとき，実際にはウイルスに感染している確率は［ Y ］である。

⓪ $\frac{70}{93}$　① $\frac{71}{93}$　② $\frac{1}{125}$　③ $\frac{3}{125}$

④ $\frac{7}{125}$　⑤ $\frac{30}{1157}$　⑥ $\frac{10}{419}$　⑦ $\frac{23}{1250}$

⑧ $\frac{91}{1250}$　⑨ $\frac{93}{1250}$

— 計算欄（memo）—

| I | の問題はこれで終わりです。 | I | の解答欄 | **Z** | はマークしないでください。 |

II

問 1　漸化式

$$a_1 = 3^{10}$$
$$a_{n+1} = a_n{}^4 \cdot 3^{-9n-3} \quad (n = 1,\ 2,\ 3,\ \cdots\cdots) \qquad \cdots\cdots \ ①$$

で定まる数列 $\{a_n\}$ について考える。

(1) 数列 $\{a_n\}$ の一般項を求めよう。

$a_1 = 3^{10} > 0$ と①より，$a_n > 0$ $(n = 1,\ 2,\ 3,\ \cdots\cdots)$ であることがわかる。

①において，両辺の 3 を底とする対数をとると

$$\log_3 a_{n+1} = \boxed{\mathbf{A}} \log_3 a_n - \boxed{\mathbf{B}}\, n - \boxed{\mathbf{C}} \quad (n = 1,\ 2,\ 3,\ \cdots\cdots) \qquad \cdots\cdots \ ②$$

となる。

$b_n = \log_3 a_n$ $(n = 1,\ 2,\ 3,\ \cdots\cdots)$ とおくと，②は

$$b_{n+1} = \boxed{\text{A}}\, b_n - \boxed{\text{B}}\, n - \boxed{\text{C}} \quad (n = 1,\ 2,\ 3,\ \cdots\cdots)$$

と表される。さらに

$$b_{n+1} - \left\{ \boxed{\mathbf{D}} (n+1) + \boxed{\mathbf{E}} \right\} = \boxed{\text{A}} \left\{ b_n - \left(\boxed{\text{D}}\, n + \boxed{\text{E}} \right) \right\}$$
$$(n = 1,\ 2,\ 3,\ \cdots\cdots)$$

と変形できる。

（問 1 は次ページに続く）

注）漸化式：recurrence formula

したがって，数列 $\left\{b_n-\left(\boxed{\text{D}}\,n+\boxed{\text{E}}\right)\right\}$ は，初項 $\boxed{\textbf{F}}$，公比 $\boxed{\textbf{G}}$ の等比数列であり

$$b_n=\boxed{\textbf{H}}\cdot\boxed{\textbf{I}}^{\,n-1}+\boxed{\textbf{J}}\,n+\boxed{\textbf{K}}\qquad(n=1,\ 2,\ 3,\ \cdots\cdots)$$

である。

よって，数列 $\{a_n\}$ の一般項は

$$a_n=3^{\boxed{\text{H}}\cdot\boxed{\text{I}}^{n-1}+\boxed{\text{J}}\,n+\boxed{\text{K}}}\qquad(n=1,\ 2,\ 3,\ \cdots\cdots)$$

となる。

(2) a_n がはじめて 10^5 桁に達するのは何番目の項であるか調べよう。ただし，必要であれば，$\log_{10}2=0.3010$，$\log_{10}3=0.4771$，$\log_{10}7=0.8451$ を使ってよい。

a_n の常用対数を考えると

$$\boxed{\text{H}}\cdot\boxed{\text{I}}^{\,n-1}+\boxed{\text{J}}\,n+\boxed{\text{K}}\geqq\frac{10^5-\boxed{\textbf{L}}}{\log_{10}3}$$

を満たす n の最小値を求めればよい。

よって，$n=\boxed{\textbf{M}}$ のとき，a_n ははじめて 10^5 桁に達する。

注）公比：common ratio，等比数列：geometric progression

問 2　複素数 z が条件

$$z\bar{z}-(4-3i)z-(4+3i)\bar{z}+16=0 \qquad \cdots\cdots \quad ①$$

を満たすとする。

複素数平面上で等式①が表す図形は，中心 $\boxed{\mathbf{N}}+\boxed{\mathbf{O}}\,i$，半径 $\boxed{\mathbf{P}}$ の円である。この円の中心を C とすると

$$\mathrm{OC}=\boxed{\mathbf{Q}}$$

であるから，$|z|$ の最小値は $\boxed{\mathbf{R}}$ であり，そのときの z の値は

$$z=\frac{\boxed{\mathbf{S}}}{\boxed{\mathbf{T}}}+\frac{\boxed{\mathbf{U}}}{\boxed{\mathbf{V}}}i$$

である。

また，$|z-(16+8i)|$ の

最大値は $\boxed{\mathbf{WX}}$

最小値は $\boxed{\mathbf{YZ}}$

である。

注）複素数：complex number

Ⅱ の問題はこれで終わりです。

Ⅲ

a を定数とする。関数

$$f(x)=e^{6x}-4ae^{3x}+6x$$

が極大値と極小値をそれぞれ1つずつもち，それらの和が -194 となるときの a の値を求めよう。

(1) $f(x)$ の導関数は

$$f'(x)=\boxed{\text{A}}\,e^{6x}-\boxed{\text{BC}}\,ae^{3x}+\boxed{\text{D}}$$

である。$f'(x)=0$ とすると

$$\frac{e^{\boxed{\text{E}}x}+e^{\boxed{\text{FG}}x}}{\boxed{\text{H}}}=a \qquad \cdots\cdots \text{①}$$

となる。

ここで，$g(x)=\dfrac{e^{\boxed{\text{E}}x}+e^{\boxed{\text{FG}}x}}{\boxed{\text{H}}}$ とおくと，$f(x)$ が極大値と極小値をそれぞれ1つずつもつための条件は

(＊)　$g(x)-a$ の符号が $\boxed{\text{I}}$ 回変わる

ことである。ただし，A の符号が変わるとは，A の符号が正から負に，または負から正になることをいう。また，符号が変わらないときは，0回変わると答えなさい。

(2) 次の文中の $\boxed{\phantom{\text{M}}}$ には，右ページの選択肢⓪～⑨の中から適するものを選びなさい。

(1)の $g(x)$ は

$x\leqq\boxed{\text{J}}$ のとき，$\boxed{\text{K}}$

$x\geqq\boxed{\text{J}}$ のとき，$\boxed{\text{L}}$

であるから，$x=\boxed{\text{J}}$ で $\boxed{\text{M}}$ 値 $\boxed{\text{N}}$ をとる。

（Ⅲは次ページに続く）

また

$$\lim_{x\to\infty} g(x) = \lim_{x\to-\infty} g(x) = \boxed{\text{O}}$$

である。

⓪ 0　　① 1　　② 2　　③ 3　　④ $\dfrac{1}{2}$

⑤ ∞　　⑥ 増加　　⑦ 減少　　⑧ 最大　　⑨ 最小

(3) 次の文中の $\boxed{\text{P}}$ には，下の選択肢⓪～④の中から最も適するものを選びなさい。

(2)の結果より，(1)の条件 (*) が成り立つための a の値の範囲は

$$a \ \boxed{\text{P}}\ \boxed{\text{N}} \quad \cdots\cdots \ ②$$

である。

⓪ ≠　　① <　　② >　　③ ≦　　④ ≧

(4) a が②の範囲にあるとき，$f(x)$ が極大値と極小値をとるときの x の値をそれぞれ α，β とおく。(1)の $g(x)$ のグラフの対称性より，α と β の間に

$$\alpha + \beta = \boxed{\text{Q}}$$

が成り立つ。

よって

$$f(\alpha)+f(\beta) = \left(e^{\boxed{\text{E}}\,\alpha} + e^{\boxed{\text{FG}}\,\alpha}\right)^{\boxed{\text{R}}} - \boxed{\text{S}}\,a\left(e^{\boxed{\text{E}}\,\alpha} + e^{\boxed{\text{FG}}\,\alpha}\right) - \boxed{\text{T}}$$

$$= -\boxed{\text{U}}\,a^{\boxed{\text{R}}} - \boxed{\text{V}}$$

となる。

$f(\alpha)+f(\beta) = -194$ であるから，②より

$$a = \boxed{\text{W}}\sqrt{\boxed{\text{X}}}$$

である。

$\boxed{\text{III}}$ の問題はこれで終わりです。$\boxed{\text{III}}$ の解答欄 $\boxed{\text{Y}}$，$\boxed{\text{Z}}$ はマークしないでください。

IV

次の文中の **H** と **O** ～ **S** には，右のページの選択肢⓪～⑨の中から適するものを選び，その他の ☐ には適する数を入れなさい。

$0 \leqq x \leqq \dfrac{\pi}{2}$ の範囲で，曲線

$$C : y = x - \sqrt{2}\sin 2x$$

と直線 ℓ ：$y = x$ で囲まれた部分を ℓ のまわりに1回転させてできる立体の体積 V を求めよう。

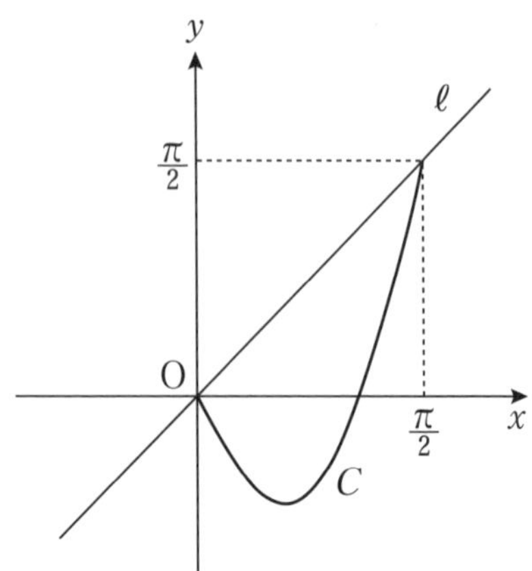

C 上の点 $\mathrm{P}(t,\ t - \sqrt{2}\sin 2t)\left(0 \leqq t \leqq \dfrac{\pi}{2}\right)$ から，ℓ に下ろした垂線と ℓ の交点をQとする。直線 ℓ を $(0,\ 0)$ を原点，ベクトル $\vec{v} = (1,\ 1)$ の向きを正の向きとする数直線とみなしたとき，その上の点Qの座標を u とする。

(1) u を t で表し，そのとり得る値の範囲を求めよう。

直線PQの方程式は

$$y = -x + \boxed{\mathbf{A}}\,t - \sqrt{\boxed{\mathbf{B}}}\sin 2t$$

であるから，点Qの x 座標は

$$x = t - \frac{\sqrt{\boxed{\mathbf{C}}}}{\boxed{\mathbf{D}}}\sin 2t$$

となる。

したがって

$$u = \sqrt{\boxed{\mathbf{E}}}\left(t - \frac{\sqrt{\boxed{\mathrm{C}}}}{\boxed{\mathrm{D}}}\sin 2t\right)$$

と表される。

u を t で微分すると

$$\frac{du}{dt} = \sqrt{\boxed{\mathrm{E}}}\left(\boxed{\mathbf{F}} - \sqrt{\boxed{\mathbf{G}}} \cdot \boxed{\mathbf{H}}\right)$$

となる。

（IVは次ページに続く）

$\dfrac{du}{dt}=0$ を解くと，$t=\dfrac{\boxed{\text{I}}}{\boxed{\text{J}}}\pi$ である。

よって，u のとり得る値の範囲は

$$\sqrt{\boxed{\text{E}}}\left(\frac{\boxed{\text{I}}}{\boxed{\text{J}}}\pi-\frac{\boxed{\text{K}}}{\boxed{\text{L}}}\right)\leqq u\leqq\frac{\sqrt{\boxed{\text{M}}}}{\boxed{\text{N}}}\pi$$

である。

(2) 線分 PQ の長さは，点 P と直線 ℓ との距離に等しいから

$$\text{PQ}=\left|\ \boxed{\text{O}}\ \right|$$

と表される。

(3) (1)(2)の結果より，求める立体の体積 V は

$$V=\pi\int_{\sqrt{\boxed{\text{E}}}\left(\frac{\boxed{\text{I}}}{\boxed{\text{J}}}\pi-\frac{\boxed{\text{K}}}{\boxed{\text{L}}}\right)}^{\boxed{\text{P}}}\text{PQ}^2\,du-\pi\int_{\sqrt{\boxed{\text{E}}}\left(\frac{\boxed{\text{I}}}{\boxed{\text{J}}}\pi-\frac{\boxed{\text{K}}}{\boxed{\text{L}}}\right)}^{\boxed{\text{Q}}}\text{PQ}^2\,du$$

$$=\pi\int_{\boxed{\text{R}}}^{\boxed{\text{S}}}\left(\boxed{\text{O}}\right)^2\cdot\sqrt{\boxed{\text{E}}}\left(\boxed{\text{F}}-\sqrt{\boxed{\text{G}}}\cdot\boxed{\text{H}}\right)dt$$

$$=\frac{\sqrt{\boxed{\text{T}}}}{\boxed{\text{U}}}\pi^{\boxed{\text{V}}}$$

となる。

⓪ 0	① $\dfrac{\pi}{2}$	② $\dfrac{\sqrt{2}}{2}\pi$	③ π	④ $\sqrt{2}\,\pi$
⑤ 2π	⑥ $\sin 2t$	⑦ $\cos 2t$	⑧ $\sin^2 2t$	⑨ $\cos^2 2t$

> Ⅳ の問題はこれで終わりです。Ⅳ の解答欄 **W** ～ **Z** はマークしないでください。
> コース２の問題はこれですべて終わりです。解答用紙の Ⅴ はマークしないでください。

模擬試験

第9回

I

問1　aを定数とし，関数

$$y=(x^2+4x)^2-4a(x^2+4x)+3a^2+2a+1 \quad \cdots\cdots \text{①}$$

を考える。

(1)　①の最小値mをaの式で表そう。

$t=x^2+4x$とおくと，tのとり得る値の範囲は

$$t \geqq \boxed{\text{AB}}$$

である。

また，①はtを用いて

$$y=\left(t-\boxed{\text{C}}\,a\right)^2-a^2+\boxed{\text{D}}\,a+\boxed{\text{E}}$$

と表せる。

よって

(i)　$a \leqq \boxed{\text{FG}}$のとき，$y$は$t=\boxed{\text{AB}}$で最小値

$$m=\boxed{\text{H}}\,a^2+\boxed{\text{IJ}}\,a+\boxed{\text{KL}}$$

をとる。

(ii)　$a > \boxed{\text{FG}}$のとき，yは$t=\boxed{\text{C}}\,a$で最小値

$$m=-a^2+\boxed{\text{D}}\,a+\boxed{\text{E}}$$

をとる。

(2)　$-5 \leqq a \leqq 5$のとき，mが最大となるのは，$a=\boxed{\text{MN}}$と$a=\boxed{\text{O}}$のときであり，このときのmの値は$\boxed{\text{P}}$である。

— 計算欄（memo）—

問 2　次の文中の **Q**，**Y**，**Z** には，下の選択肢⓪～⑨の中から適するものを選びなさい。また，その他の □ には適する数を入れなさい。

単語の STATISTICS を構成する 10 文字を横一列に並べ替えることを考える。

(1)　両端がともに S となる確率は **Q** である。

(2)　STATIS という文字が連続してこの順に現れる確率は $\frac{\boxed{\text{R}}}{\boxed{\text{STU}}}$ である。

(3)　すべての S がすべての T より左側に現れる確率は $\frac{\boxed{\text{V}}}{\boxed{\text{WX}}}$ である。

(4)　I が連続して現れる確率は **Y** である。

(5)　S が 2 つ以上連続して現れる確率は **Z** である。

⓪ $\frac{1}{15}$	① $\frac{2}{15}$	② $\frac{1}{5}$	③ $\frac{1}{3}$	④ $\frac{2}{5}$
⑤ $\frac{7}{15}$	⑥ $\frac{8}{15}$	⑦ $\frac{3}{5}$	⑧ $\frac{2}{3}$	⑨ $\frac{14}{15}$

— 計算欄（memo）—

I の問題はこれで終わりです。

Ⅱ

問 1　無限級数

$$\frac{5}{3}+\frac{8}{9}+\frac{11}{27}+\frac{14}{81}+\cdots\cdots \qquad \cdots\cdots ①$$

の和 S を求めよう。

(1)　極限 $\lim_{n\to\infty}\frac{n}{3^n}$ を調べよう。

$n \geqq 3$ のとき，二項定理を用いると

$$(1+2)^n = {}_n\mathrm{C}_0 + \boxed{\mathbf{A}}\,{}_n\mathrm{C}_1 + \boxed{\mathbf{B}}\,{}_n\mathrm{C}_2 + \cdots + \boxed{\mathbf{C}}^{\,n}\,{}_n\mathrm{C}_n$$

であるから

$$3^n > {}_n\mathrm{C}_0 + \boxed{\mathrm{A}}\,{}_n\mathrm{C}_1 + \boxed{\mathrm{B}}\,{}_n\mathrm{C}_2 = \boxed{\mathbf{D}}\,n^{\boxed{\mathrm{E}}} + \boxed{\mathbf{F}}$$

が成り立つ。これはさらに

$$0 < \frac{n}{3^n} < \frac{n}{\boxed{\mathrm{D}}\,n^{\boxed{\mathrm{E}}} + \boxed{\mathrm{F}}}$$

と変形できる。

よって，はさみうちの原理より

$$\lim_{n\to\infty}\frac{n}{3^n} = \boxed{\mathbf{G}}$$

である。

同様にして，$p \geqq 4$ を満たす整数 p に対して，$\lim_{n\to\infty}\frac{n}{p^n} = \boxed{\mathrm{G}}$ である。

（問 1 は次ページに続く）

(2) 次の文中の $\boxed{\mathbf{K}}$, $\boxed{\mathbf{M}}$, $\boxed{\mathbf{N}}$ には，下の選択肢⓪～⑨の中から適するものを選び，その他の $\boxed{}$ には適する数を入れなさい。

①の一般項を a_n とすると

$$a_n=\frac{\boxed{\mathbf{H}}\,n+\boxed{\mathbf{I}}}{\boxed{\mathbf{J}}^{\,n}}\quad(n=1,\ 2,\ 3,\ \cdots)$$

と表されるから，その初項から第 n 項までの部分和を S_n とすると，

$S_n-\dfrac{1}{\boxed{\mathbf{J}}}S_n$ を計算することにより

$$S_n=\boxed{\mathbf{K}}\left(\boxed{\mathbf{L}}-\frac{1}{\boxed{\mathbf{J}}^{\,n}}\right)-\boxed{\mathbf{M}}\cdot\frac{n}{\boxed{\mathbf{J}}^{\,n}}\quad(n=1,\ 2,\ 3,\ \cdots)$$

となる。

したがって，(1)の結果より，無限級数①は収束し，その和 S は

$$S=\lim_{n\to\infty}S_n=\boxed{\mathbf{N}}$$

である。

⓪	$\frac{1}{2}$	①	$\frac{3}{2}$	②	$\frac{5}{2}$	③	$\frac{1}{3}$	④	$\frac{2}{3}$
⑤	$\frac{1}{4}$	⑥	$\frac{7}{4}$	⑦	$\frac{11}{4}$	⑧	$\frac{13}{4}$	⑨	$\frac{15}{4}$

問 2　a は定数とする。円 C と直線 ℓ の方程式は次のように与えられている。

$$C : x^2+y^2-12y=0 \quad \cdots\cdots \text{①}$$

$$\ell : y=ax+3 \quad \cdots\cdots \text{②}$$

C と ℓ が異なる 2 点 A，B で交わるとき，線分 AB の中点 M の軌跡を求めよう。

①，②より，y を消去すると

$$\left(a^2+\boxed{\text{O}}\right)x^2-\boxed{\text{P}}\,ax-\boxed{\text{QR}}=0$$

となる。

2 点 A，B の x 座標をそれぞれ α，β とすると

$$\alpha+\beta=\frac{\boxed{\text{S}}\,a}{a^2+\boxed{\text{O}}}$$

である。

点 M の座標を (X, Y) とすると，点 M は線分 AB の中点であるから

$$X=\frac{\boxed{\text{T}}\,a}{a^2+\boxed{\text{O}}} \quad \cdots\cdots \text{③}$$

と表され，点 M は直線 ℓ 上にあるから

$$Y=aX+3 \quad \cdots\cdots \text{④}$$

と表される。

よって，③，④より，求める点 M の軌跡は

$$\text{中心}\left(\boxed{\text{U}},\ \frac{\boxed{\text{V}}}{\boxed{\text{W}}}\right)，\text{半径}\ \frac{\boxed{\text{X}}}{\boxed{\text{W}}}\ \text{の円}$$

である。ただし，点 $\left(\boxed{\text{Y}},\ \boxed{\text{Z}}\right)$ を除く。

Ⅱ の問題はこれで終わりです。

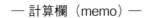

Ⅲ

a は定数とする。3 次方程式

$$2x^3 + 3(a+6)x^2 - 12a(a-6)x - 8a(a-6)^2 = 0 \qquad \cdots\cdots \quad ①$$

が異なる 3 つの実数解をもつときの a の値の範囲を求めよう。

(1) 次の文中の $\boxed{\mathbf{E}}$ ～ $\boxed{\mathbf{G}}$ には，下の選択肢⓪～⑥の中から適するものを選び，その他の $\boxed{}$ には適する数を入れなさい。

まず，①の左辺を $f(x)$ とおき，その極値について調べよう。

$f(x)$ の導関数を求めると

$$f'(x) = \boxed{\mathbf{A}}\left(x + \boxed{\mathbf{B}}\,a\right)\left(x - a + \boxed{\mathbf{C}}\right)$$

である。

(i) $a > \boxed{\mathbf{D}}$ のとき，$f(x)$ は $\boxed{\mathbf{E}}$。

(ii) $a = \boxed{\mathrm{D}}$ のとき，$f(x)$ は $\boxed{\mathbf{F}}$。

(iii) $a < \boxed{\mathrm{D}}$ のとき，$f(x)$ は $\boxed{\mathbf{G}}$。

また

$$f\left(-\boxed{\mathrm{B}}\,a\right) = \boxed{\mathbf{HI}}\,a\left(a + \boxed{\mathbf{J}}\right)\left(a - \boxed{\mathbf{K}}\right)$$

$$f\left(a - \boxed{\mathrm{C}}\right) = \boxed{\mathbf{LM}}\left(a - \boxed{\mathbf{N}}\right)^2\left(\boxed{\mathbf{O}}\,a - \boxed{\mathbf{P}}\right)$$

である。

⓪ 極値をもたない

① 極大値 $f\left(-\boxed{\mathrm{B}}\,a\right)$ をもつが，極小値をもたない

② 極大値 $f\left(a - \boxed{\mathrm{C}}\right)$ をもつが，極小値をもたない

③ 極小値 $f\left(-\boxed{\mathrm{B}}\,a\right)$ をもつが，極大値をもたない

④ 極小値 $f\left(a - \boxed{\mathrm{C}}\right)$ をもつが，極大値をもたない

⑤ 極大値 $f\left(-\boxed{\mathrm{B}}\,a\right)$，極小値 $f\left(a - \boxed{\mathrm{C}}\right)$ をもつ

⑥ 極大値 $f\left(a - \boxed{\mathrm{C}}\right)$，極小値 $f\left(-\boxed{\mathrm{B}}\,a\right)$ をもつ

（Ⅲは次ページに続く）

(2) 次の文中の［　］には，下の選択肢⓪～⑨の中から最も適するものを選びなさい。

(1)の結果より，①が異なる3つの実数解をもつ条件は

$$a \boxed{\mathbf{Q}} \boxed{\mathrm{D}} \quad \text{かつ} \quad f\left(-\boxed{\mathrm{B}}\,a\right)f\left(a-\boxed{\mathrm{C}}\right) \boxed{\mathbf{R}}\, 0$$

である。

よって，求める a の値の範囲は

$$a < \boxed{\mathbf{S}},\ \boxed{\mathbf{T}} < a < \boxed{\mathbf{U}},\ \boxed{\mathbf{V}} < a < \boxed{\mathbf{W}},\ \boxed{\mathbf{X}} < a$$

である。ただし，$\boxed{\mathrm{S}} \leqq \boxed{\mathrm{T}}$，$\boxed{\mathrm{U}} \leqq \boxed{\mathrm{V}}$，$\boxed{\mathrm{W}} \leqq \boxed{\mathrm{X}}$ とする。

⓪ 0　① $\boxed{\mathrm{D}}$　② $-\boxed{\mathrm{J}}$　③ $\boxed{\mathrm{K}}$　④ $\boxed{\mathrm{N}}$

⑤ $\dfrac{\boxed{\mathrm{P}}}{\boxed{\mathrm{O}}}$　⑥ $<$　⑦ $>$　⑧ $=$　⑨ $\neq$

［Ⅲ］の問題はこれで終わりです。［Ⅲ］の解答欄 **Y**，**Z** はマークしないでください。

IV

k は実数とする。$0 \leqq x \leqq \dfrac{\pi}{2}$ で定義された2つの関数

$$f(x) = \sin 3x$$
$$g(x) = 3\cos x + k$$

のグラフをそれぞれ F，G とおく。F と G が共有点をもち，かつ，その共有点において共通の接線をもつとする。このとき，次の問いに答えなさい。

(1) k の値を求めよう。

F と G が $x = t\left(0 < t < \dfrac{\pi}{2}\right)$ で共通の接線をもつための条件は

$$f(t) = g(t),\ f'(t) = g'(t)$$

が成り立つことである。

まず，$f'(t) = g'(t)$ より

$$\boxed{\mathbf{A}}\cos^{\boxed{\mathbf{B}}} t - \boxed{\mathbf{C}}\cos t + \sin t = 0 \qquad \cdots\cdots \text{①}$$

が得られる。

次に，①の両辺を $\cos t$ で割って，$\tan t = u$ とおくと，$\cos^2 t = \dfrac{1}{\tan^2 t + \boxed{\mathbf{D}}}$ であることに注意して

$$\frac{u^3 - \boxed{\mathbf{E}}u^2 + u + \boxed{\mathbf{F}}}{u^2 + \boxed{\mathrm{D}}} = 0$$

となる。よって

$$u = \boxed{\mathbf{G}} \quad \text{または} \quad u = \boxed{\mathbf{H}} + \sqrt{\boxed{\mathbf{I}}}$$

である。

(i) $u = \boxed{\mathrm{G}}$ のとき，$t = \dfrac{\boxed{\mathbf{J}}}{\boxed{\mathbf{K}}}\pi$ であり，$f(t) = g(t)$ から

$$k = -\sqrt{\boxed{\mathbf{L}}}$$

である。

(ii) $u = \boxed{\mathrm{H}} + \sqrt{\boxed{\mathrm{I}}}$ のとき，$\tan 2t = \boxed{\mathbf{MN}}$ であるから，$t = \dfrac{\boxed{\mathbf{O}}}{\boxed{\mathbf{P}}}\pi$ であり

$$k = -\boxed{\mathbf{Q}}\sqrt{\boxed{\mathbf{R}} - \sqrt{\boxed{\mathbf{S}}}}$$

である。

（IVは次ページに続く）

(2) 次の文中の $\boxed{\text{T}}$ ～ $\boxed{\text{V}}$ には，下の選択肢⓪～⑤の中から適するものを選びなさい。また，その他の $\boxed{}$ には適する数を入れなさい。

$k = -\sqrt{\boxed{\text{L}}}$ の場合を考える。

(1)の結果より，$0 < x < \dfrac{\boxed{\text{J}}}{\boxed{\text{K}}}\pi$ において，$f'(x) - g'(x)\ \boxed{\text{T}}\ 0$ であるから

$$f(x)\ \boxed{\text{U}}\ g(x)$$

である。

したがって，F と G および y 軸で囲まれた部分を x 軸のまわりに1回転させてできる立体の体積を V とすると

$$V = \pi\int_0^{\frac{\boxed{\text{J}}}{\boxed{\text{K}}}\pi} \boxed{\text{V}}\ dx = \frac{\left(\boxed{\text{W}}\pi - \boxed{\text{XY}}\right)\pi}{\boxed{\text{Z}}}$$

である。

⓪ $<$

① $>$

② $\left(f(x) + g(x)\right)^2$

③ $\left(f(x) - g(x)\right)^2$

④ $\left\{\left(f(x)\right)^2 - \left(g(x)\right)^2\right\}$

⑤ $\left\{\left(g(x)\right)^2 - \left(f(x)\right)^2\right\}$

$\boxed{\text{IV}}$ の問題はこれで終わりです。

コース2の問題はこれですべて終わりです。解答用紙の $\boxed{\text{V}}$ はマークしないでください。

模擬試験

第10回

I

問 1　a は定数とする。2 つの 2 次関数

$$f(x)=2x^2-4x+6$$

$$g(x)=-x^2+6x+5a-4$$

について考える。

$h(x)=f(x)-g(x)$ とおくと

$$h(x)=\boxed{\text{A}}\left(x-\frac{\boxed{\text{B}}}{\boxed{\text{C}}}\right)^2-5a+\frac{\boxed{\text{D}}}{\boxed{\text{E}}}$$

と表せる。

以下，$f(x)$ と $g(x)$ の定義域がともに $0 \leqq x \leqq 5$ であるとする。次の各条件を満たすような a の値の範囲をそれぞれ求めよう。

(1)　すべての x に対して，$f(x)<g(x)$ となるとき

$$a>\boxed{\text{F}}$$

である。

(2)　ある x に対して，$f(x)<g(x)$ となるとき

$$a>\frac{\boxed{\text{G}}}{\boxed{\text{H}}}$$

である。

(3)　すべての組 x_1，x_2 に対して，$f(x_1)<g(x_2)$ となるとき

$$a>\boxed{\text{I}}$$

である。

(4)　ある組 x_1，x_2 に対して，$f(x_1)<g(x_2)$ となるとき

$$a>-\frac{\boxed{\text{J}}}{\boxed{\text{K}}}$$

である。

注）定義域：domain

— 計算欄（memo）—

問 2　はじめに座標平面上の原点Oの位置に点Pがある。1つのサイコロを投げて，次のように点Pを移動させる。

(i)　1または3または5の目が出たら，Pを x 軸の正の方向に1だけ動かす。

(ii)　2の目が出たら，Pを y 軸の正の方向に1だけ動かす。

(iii)　4または6の目が出たら，Pは動かさない。

サイコロを4回投げた後のPの座標を $(a,\ b)$ とする。

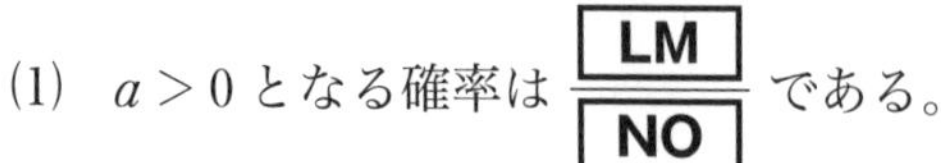

(1)　$a>0$ となる確率は $\dfrac{\boxed{\text{LM}}}{\boxed{\text{NO}}}$ である。

(2)　$(a,\ b)=(2,\ 1)$ となる確率は $\dfrac{\boxed{\text{P}}}{\boxed{\text{Q}}}$ である。

(3)　$a+b=3$ となる確率は $\dfrac{\boxed{\text{RS}}}{\boxed{\text{TU}}}$ である。

(4)　$a+b<3$ となる確率は $\dfrac{\boxed{\text{VW}}}{\boxed{\text{XY}}}$ である。

注）サイコロ：dice

— 計算欄（memo）—

I の問題はこれで終わりです。 I の解答欄 **Z** はマークしないでください。

Ⅱ

問1　OA＝7，OB＝3，AB＝8を満たす三角形OABがある。以下，$\overrightarrow{OA}=\vec{a}$，$\overrightarrow{OB}=\vec{b}$ とおく。

(1)　∠AOB＝θ とおくと

$$\cos\theta=-\frac{\boxed{\text{A}}}{\boxed{\text{B}}}$$

である。

また，$\vec{a}$ と $\vec{b}$ の内積は

$$\vec{a}\cdot\vec{b}=-\boxed{\text{C}}$$

である。

(2)　三角形OABの面積は $\boxed{\text{D}}\sqrt{\boxed{\text{E}}}$ である。

(3)　点Pに対して，$\overrightarrow{OP}=\vec{p}$ とおく。ベクトル方程式

$$\left(2\vec{p}-\vec{a}\right)\cdot\left(2\vec{p}-3\vec{b}\right)=0 \quad \cdots\cdots \ ①$$

が成り立つとき，点Pの軌跡について調べよう。

①は

$$\left|\vec{p}-\frac{\vec{a}+\boxed{\text{F}}\vec{b}}{\boxed{\text{G}}}\right|=\frac{\sqrt{\boxed{\text{HI}}}}{\boxed{\text{J}}}$$

と変形できる。

よって，点Pは，線分ABを $\boxed{\text{K}}:\boxed{\text{L}}$ に内分する点を中心とする半径 $\frac{\sqrt{\boxed{\text{HI}}}}{\boxed{\text{J}}}$ の円の周上を動く。ただし，$\boxed{\text{K}}:\boxed{\text{L}}$ は最も簡単な整数比で答えなさい。

また，この円の周上のすべての点は①を満たす。

注）内積：inner product，内分する：divide internally

― 計算欄（memo）―

問 2　複素数α，βは$|\alpha|=3$，$|\beta|=5$を満たすとする。以下，偏角θの範囲は$-\pi<\theta\leqq\pi$とする。

(1)　$\alpha+\overline{\alpha}=-3\sqrt{3}$のとき，$\alpha$を極形式で表すと

$$\alpha=3\left\{\cos\left(\pm\frac{\boxed{\mathbf{M}}}{\boxed{\mathbf{N}}}\pi\right)+i\sin\left(\pm\frac{\boxed{\mathrm{M}}}{\boxed{\mathrm{N}}}\pi\right)\right\}$$

である。

(2)　$|\alpha+\beta|$のとり得る値の範囲は

$$\boxed{\mathbf{O}}\leqq|\alpha+\beta|\leqq\boxed{\mathbf{P}}$$

である。

(3)　$|\alpha-\beta|=7$のとき

$$\arg\frac{\beta}{\alpha}=\pm\frac{\boxed{\mathbf{Q}}}{\boxed{\mathbf{R}}}\pi$$

である。

また，$|\alpha+\beta|=\sqrt{\boxed{\mathbf{ST}}}$である。

(4)　$6+\alpha$の偏角のとり得る値の範囲は

$$-\frac{\boxed{\mathbf{U}}}{\boxed{\mathbf{V}}}\pi\leqq\arg(6+\alpha)\leqq\frac{\boxed{\mathrm{U}}}{\boxed{\mathrm{V}}}\pi$$

である。

(5)　$\gamma=8+8\sqrt{3}i$とする。$\gamma+\alpha-\beta$の偏角のとり得る値の範囲は

$$\frac{\boxed{\mathbf{W}}}{\boxed{\mathbf{X}}}\pi\leqq\arg(\gamma+\alpha-\beta)\leqq\frac{\boxed{\mathbf{Y}}}{\boxed{\mathbf{Z}}}\pi$$

である。

注）複素数：complex number，極形式：polar form

― 計算欄（memo）―

Ⅱ の問題はこれで終わりです。

III

座標平面上で円 C_1 と楕円 C_2 の方程式は次のようになる。

$$C_1 : x^2+y^2=9$$

$$C_2 : \frac{x^2}{9}+\frac{y^2}{4}=1$$

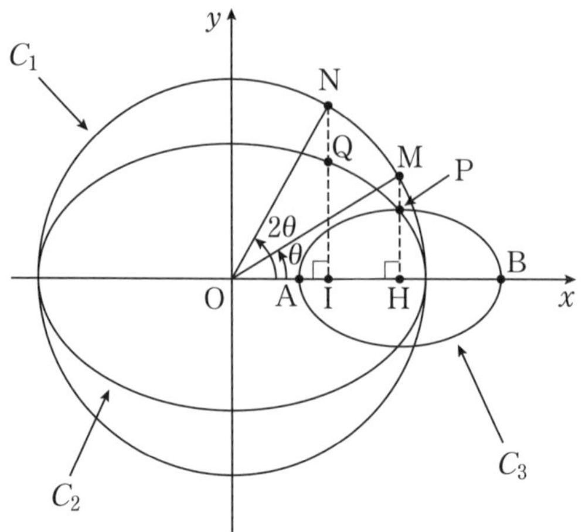

x 軸の正の部分から角 θ と $2\theta\left(0<\theta<\frac{\pi}{2}\right)$ だけ回転した 2 つの動径と C_1 との交点をそれぞれ M，N とおく。M，N から x 軸に下ろした垂線の足をそれぞれ H，I とおき，MH，NI と C_2 との交点をそれぞれ P，Q とおく。楕円 C_2 と相似で，H を中心として，P を短軸の 1 つの端点にもつ楕円を C_3 とする。さらに，C_3 と x 軸との 2 つの交点を，原点から近い順に A，B とする。

(1) 次の文中の **A** ～ **I** には，下の選択肢⓪～⑦の中から適するものを選びなさい。

まず，2 点 P，Q の座標はそれぞれ

P(**A** , **B**)，Q(**C** , **D**)

であり，楕円 C_3 の方程式は

$$\frac{\left(x-\boxed{\text{E}}\right)^2}{\left(\boxed{\text{F}}\right)^2}+\frac{y^2}{\left(\boxed{\text{G}}\right)^2}=1$$

である。

また，2 点 A，B の座標はそれぞれ

A(**H** − **I** , 0)，B(**H** ＋ **I** , 0)

である。

⓪ $2\sin\theta$　① $2\sin 2\theta$　② $3\sin\theta$　③ $3\sin 2\theta$

④ $2\cos\theta$　⑤ $2\cos 2\theta$　⑥ $3\cos\theta$　⑦ $3\cos 2\theta$

（III は次ページに続く）

(2) 三角形OPBの面積の最大値を求めよう。

三角形OPBの面積を S とおくと

$$S=\frac{1}{2}\cdot\boxed{\mathsf{B}}\left(\boxed{\mathsf{H}}+\boxed{\mathsf{I}}\right)$$

であるから，S は

$$\theta=\frac{\boxed{\mathsf{J}}}{\boxed{\mathsf{K}}}\pi \text{ のとき，最大値 } \frac{\boxed{\mathsf{L}}\left(\boxed{\mathsf{M}}+\sqrt{\boxed{\mathsf{N}}}\right)}{\boxed{\mathsf{O}}}$$

をとる。

(3) $0<\theta<\dfrac{\pi}{4}$ のとき，三角形OQAの面積の最大値を求めよう。

三角形OQAの面積を T とおくと

$$T=\frac{1}{2}\cdot\boxed{\mathsf{D}}\left(\boxed{\mathsf{H}}-\boxed{\mathsf{I}}\right)$$

である。ここで，$t=\cos\theta-\sin\theta$ とおくと，t のとり得る値の範囲は

$$\boxed{\mathsf{P}}<t<\boxed{\mathsf{Q}}$$

である。T は t を用いて

$$T=\boxed{\mathsf{RS}}\,t^{\boxed{\mathsf{T}}}+\boxed{\mathsf{U}}\,t$$

と表せる。

よって，T は

$$t=\frac{\sqrt{\boxed{\mathsf{V}}}}{\boxed{\mathsf{W}}} \text{ のとき，最大値 } \frac{\boxed{\mathsf{X}}\sqrt{\boxed{\mathsf{Y}}}}{\boxed{\mathsf{Z}}}$$

をとる。

III の問題はこれで終わりです。

IV

定積分

$$I_n = \int_1^e (\log x)^n \, dx \quad (n = 0,\ 1,\ 2,\ \cdots)$$

について考える。

(1) I_n の満たす漸化式を求めよう。

まず，$I_0 = e -$ **A** である。

次に，部分積分法を用いると

$$I_{n+1} = e - \left(n + \boxed{\mathbf{B}}\right) I_n \quad (n = 0,\ 1,\ 2,\ \cdots)$$

となる。

特に，$I_4 =$ **C** $e -$ **DE** である。

(2) 次の文中の **N** ～ **Q** および **U** ～ **X** には，次の選択肢⓪～⑨の中から適するものを選び，その他の □ には適する数を入れなさい。

⓪ 0	① 1	② 2	③ -1	④ -2
⑤ ∞	⑥ $-\infty$	⑦ $=$	⑧ $<$	⑨ $>$

極限 $\lim_{n \to \infty} I_n$ を調べよう。

以下，自然数 n に対して，$f_n(x) = (\log x)^n$ とおく。

$f_n(x)$ のグラフは n の値にかかわらず，つねに 2 つの定点

$$\mathrm{A}\left(\boxed{\mathbf{F}},\ \boxed{\mathbf{G}}\right),\ \mathrm{B}\left(e,\ \boxed{\mathbf{H}}\right)$$

を通る。

また，A，B を通る直線の方程式は

$$y = \frac{x - \boxed{\mathbf{I}}}{e - \boxed{\mathbf{J}}}$$

である。

（IV は次ページに続く）

注）漸化式：recurrence formula

$n=2$ のとき，$f_2(x)=(\log x)^2$ の第 2 次までの導関数を求めると

$$f_2'(x)=\frac{\boxed{\mathsf{K}}\log x}{x}$$

$$f_2''(x)=\frac{\boxed{\mathsf{K}}\left(\boxed{\mathsf{L}}-\log x\right)}{x^{\boxed{\mathsf{M}}}}$$

である。

よって，$1<x<e$ において

(i) $f_2'(x)$ $\boxed{\mathsf{N}}$ 0 である。

(ii) $f_2''(x)$ $\boxed{\mathsf{O}}$ 0 であるから

$$f_2(x)\ \boxed{\mathsf{P}}\ \frac{x-\boxed{\mathsf{I}}}{e-\boxed{\mathsf{J}}} \quad \cdots\cdots \text{①}$$

である。

①の両辺を $\frac{n}{2}$ 乗 $(n=1,\ 2,\ 3,\ \cdots)$ して，さらに 1 から e まで積分すると

$$I_n\ \boxed{\mathsf{Q}}\ \int_1^e\left(\frac{x-\boxed{\mathsf{I}}}{e-\boxed{\mathsf{J}}}\right)^{\frac{n}{2}}dx$$

が成り立つ。ここで

$$\int_1^e\left(\frac{x-\boxed{\mathsf{I}}}{e-\boxed{\mathsf{J}}}\right)^{\frac{n}{2}}dx=\frac{\boxed{\mathsf{R}}\left(e-\boxed{\mathsf{S}}\right)}{n+\boxed{\mathsf{T}}}$$

であり

$$\lim_{n\to\infty}\frac{\boxed{\mathsf{R}}\left(e-\boxed{\mathsf{S}}\right)}{n+\boxed{\mathsf{T}}}=\boxed{\mathsf{U}}$$

である。

同様にして，$f_2(x)$ $\boxed{\mathsf{V}}$ 0 であるから

$$I_n\ \boxed{\mathsf{W}}\ 0 \quad (n=1,\ 2,\ 3,\ \cdots)$$

である。

以上より

$$\lim_{n\to\infty}I_n=\boxed{\mathsf{X}}$$

である。

$\boxed{\text{IV}}$ の問題はこれで終わりです。$\boxed{\text{IV}}$ の解答欄 $\boxed{\mathsf{Y}}$，$\boxed{\mathsf{Z}}$ はマークしないでください。
コース 2 の問題はこれですべて終わりです。解答用紙の $\boxed{\text{V}}$ はマークしないでください。

A5 変形判／本体 2,000 円 + 税
ISBN　978-4-909025-69-2

好評発売中

EJU必修12000語を完全攻略！

日本留学試験（EJU）必修単語 12000語

EJUで出た単語を頻度順に効率よく学べる１冊。日本語学習に必須の重要単語も収録し、EJUの網羅的な対策を実現します。暗記に便利な赤セルシートや、無料でダウンロードできる音声データを使えば、単語の暗記に加え、リスニング対策も万全です。

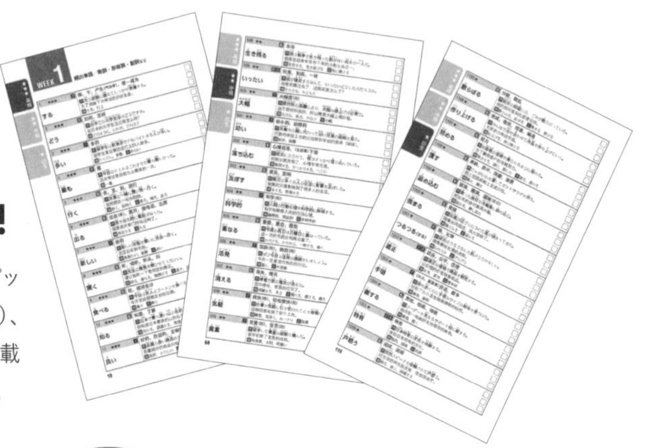

EJU頻出単語を効率よく学べる！

EJUの過去10年分の問題文から、よく出る単語をピックアップ。登場回数の多さを基準に、★★★（高频）、★★（中频）、★（衍生）に分類頻出度の高い順に掲載していますので、重要な単語から効率よく学べます。

日本留学試験（EJU）対策　**5月 & 10月**

行知学園全国模擬試験

■ 行知模試の特長

1. EJU本番さながらのオリジナル問題
2. 会場での厳正実施で正確な学力を判定
3. 学習指針が明らかになる充実の成績票

行知学園は，日本の大学等への入学を希望する留学生を対象に，模擬試験を日本，中国，韓国で年２回実施しています。ぜひこの模擬試験を利用して，これまでの学習成果を確認し，本番に向けて弱点を克服し，得点アップにつなげてください。

■ 実施概要

（1）試験日：年２回（5月，10月）
（2）実施地：日本国内（東京，大阪，京都）及び中国，韓国

正解と略解

第 1 回

正解

問		解答番号	正解	問	解答番号	正解
Ⅰ	問 1	ABC	392	Ⅲ	A	2
		D	3		B	3
		E	5		CDEFGH	124524
		F	3		IJK	335
		GH	12		L	2
		I	6		M	1
		J	7		N	2
		K	2		OP	78
		L	7		Q	3
	問 2	MN	84		R	6
		OPQR	2021		STUV	3352
		STUV	1621		WXY	322
		WXY	914	Ⅳ	ABCDE	43543
Ⅱ	問 1	A	1		FG	35
		B	4		H	4
		C	9		IJ	45
		D	5		K	3
		E	7		LM	35
		FG	19		N	4
		HI	61		O	0
		J	1		P	0
		K	6		QRSTUVWX	25123713
	問 2	LM	15			
		NOPQRS	−62223			
		T	6			
		UV	53			
		WX	16			
		YZ	13			

略解

Ⅰ 問 1

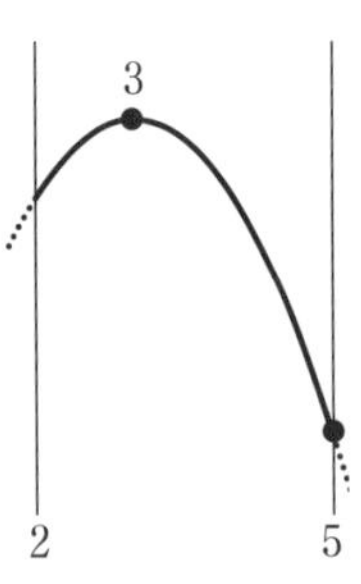

(1) $y=a(x-3)^2-9a+2b$ であるから，軸 $x=3$ と区間 $2\leqq x\leqq 5$ に注目して，$x=3$ で最大値，$x=5$ で最小値をとることがわかる。よって，$-9a+2b=28$，$-5a+2b=16$ を連立して解けば，$a=-3$，$b=\dfrac{1}{2}$ が求まる。

(2) 2 次関数 $y=-2x^2-4x+1$ のグラフを原点に関して対称移動すると，$-y=-2(-x)^2-4\cdot(-x)+1$ より，$y=2x^2-4x-1$ となる。これを x 軸方向に 2，y 軸方向に -1 平行移動すると，$y+1=2(x-2)^2-4(x-2)-1$ より，$y=2x^2-12x+14$ となる。これを①と係数比較して，$a=2$，$b=7$ が求まる。

Ⅰ 問 2

3 枚のカードの組み合わせは，${}_9C_3=84$ 通りある。

(1) 数字の和が 22 以上になる組み合わせは
$\{9,\ 8,\ 7\}$，$\{9,\ 8,\ 6\}$，$\{9,\ 8,\ 5\}$，$\{9,\ 7,\ 6\}$
の 4 通りであるから，余事象を考えて $1-\dfrac{4}{84}$ で求まる。

(2) 3 の倍数の数字が書かれたカードを少なくとも 1 枚取り出せばよい。余事象として 3 の倍数を 1 枚も取り出さない，すなわち，3，6，9 以外の 6 枚のカードから 3 枚取り出す確率を考えて，$1-\dfrac{{}_6C_3}{84}$ で求まる。

(3) 数字の積が 4 の倍数とならない場合は，
(i) 3 枚とも奇数
(ii) 2 枚が奇数で，1 枚が 2 または 6
のいずれかであるので，余事象として
$1-\dfrac{{}_5C_3+{}_5C_2\cdot 2}{84}$ で求まる。

Ⅱ 問 1

(1) $\angle\mathrm{A}=A$，$\angle\mathrm{B}=B$，$\angle\mathrm{C}=C$ とする。
$0^\circ<A<180^\circ$ より，$\sin A>0$ であるから，
$\sin A=\sqrt{1-\cos^2 A}$ として求まる。$\sin B$ も同様。

$\sin C=\sin(180^\circ-A-B)=\sin(A+B)=$ $\sin A\cos B+\cos A\sin B$ として求まる。次に正弦定理より，$\dfrac{\mathrm{BC}}{\sin A}=\dfrac{\mathrm{CA}}{\sin B}=\dfrac{6}{\sin C}$ であるので，値を代入して整理すると，CA と CB が求まる。また，$|\overrightarrow{\mathrm{AB}}|=|\overrightarrow{\mathrm{CB}}-\overrightarrow{\mathrm{CA}}|$ より，$|\overrightarrow{\mathrm{AB}}|^2=|\overrightarrow{\mathrm{CB}}|^2-2\overrightarrow{\mathrm{CA}}\cdot\overrightarrow{\mathrm{CB}}+|\overrightarrow{\mathrm{CA}}|^2$ であるので，$\overrightarrow{\mathrm{CA}}\cdot\overrightarrow{\mathrm{CB}}$ が求まる。

(2) 直角三角形CAD において，$\mathrm{AD}=\mathrm{CA}\cos A=1$ である。よって，$\overrightarrow{\mathrm{CA}}=\vec{a}$，$\overrightarrow{\mathrm{CB}}=\vec{b}$ とおくと，$\overrightarrow{\mathrm{CD}}=\dfrac{5}{6}\vec{a}+\dfrac{1}{6}\vec{b}$ と求まる。

(3) $\overrightarrow{\mathrm{BH}}\cdot\overrightarrow{\mathrm{CA}}=0$ より，$(\overrightarrow{\mathrm{CH}}-\overrightarrow{\mathrm{CB}})\cdot\overrightarrow{\mathrm{CA}}=0$ であり，$\left\{\dfrac{5}{6}k\vec{a}+\left(\dfrac{1}{6}k-1\right)\vec{b}\right\}\cdot\vec{a}=0$ すなわち，$\dfrac{5}{6}k|\vec{a}|^2+\left(\dfrac{1}{6}k-1\right)\vec{a}\cdot\vec{b}=0$ となる。
これに $|\vec{a}|=5$，$\vec{a}\cdot\vec{b}=19$ を代入して整理すると k が求まり，①の $\mathrm{CD}=2\sqrt{6}$ をふまえて，CH が求まる。

Ⅱ　問 2

(1) $\beta=\alpha\left(\cos\dfrac{\pi}{4}+i\sin\dfrac{\pi}{4}\right)$ を計算して求まる。

(2) $\gamma-\alpha=(\beta-\alpha)\left(\cos\dfrac{3}{4}\pi+i\sin\dfrac{3}{4}\pi\right)$ より求まる。

(3) $3-3\sqrt{3}i=6\left(\cos\dfrac{5}{3}\pi+i\sin\dfrac{5}{3}\pi\right)$ であるので，
$\mathrm{AB}:\mathrm{AC}=1:6$，$\angle\mathrm{BAC}=2\pi-\dfrac{5}{3}\pi$ で求まる。

Ⅲ

$t^2=9^x+9^{-x}+2$，$t^3=27^x+27^{-x}+3(3^x+3^{-x})$ を①に代入して，$f(x)=t^3-12t^2+45t+24(=g(t))$ と表せる。このとき，相加平均・相乗平均の不等式より，$t\geqq 2\sqrt{3^x\cdot 3^{-x}}=2$ であり，t に対応する x は，図 1 より $t=2$ のとき 1 個，$t>2$ のとき 2 個存在する。よって，①が異なる 4 つの実数解をもつには，$t>2$ を満たす異なる実数 t が 2 個存在すればよいので，図 2 より $k=78$ と求まる。このとき，$t^3-12t^2+45t+24=78$ より，$(t-3)^2(t-6)=0$ であるから，$t=3,\ 6$ と求まる。$t=3$ を②に代入して，$3^x+3^{-x}=3$ であるので，$3^x=s(s>0)$ とおいて，$s+\dfrac{1}{s}=3$ を解くと，$s=\dfrac{3\pm\sqrt{5}}{2}$ と求まり，x も求まる。$t=6$ の場合も同様に考える。

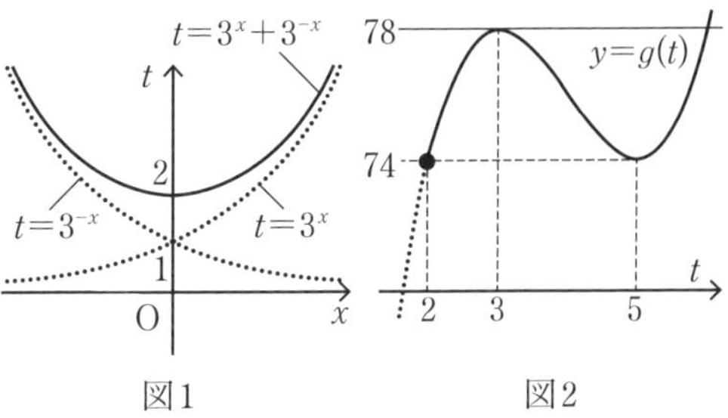

図1　　図2

Ⅳ

(1) $f(x)-g(x)$ を通分したときの分子は
$$20\sin x-15\cos x-16\sin^2 x+9\cos^2 x$$
となるので，共通因数 $(4\sin x-3\cos x)$ を見つけて因数分解すればよい。$4\sin x-3\cos x=5\sin(x-t)$ と合成すれば，$\cos t=\dfrac{4}{5}$，$\sin t=\dfrac{3}{5}$ なので，t は $0<t<\dfrac{\pi}{4}$ を満たす定角である。このとき，$4\sin x+3\cos x=5\sin(x+t)$ であるので，
$0\leqq x<2\pi$ に注意して，$x-t=0,\ \pi$ または $x+t=\dfrac{\pi}{2}$ と求まるので，x を小さい順に並べて，$\alpha=t$，$\beta=\dfrac{\pi}{2}-t$，$\gamma=\pi+t$ と定まる。
$x\neq\beta$ のとき，$5-4\sin x-3\cos x>0$，$5-3\cos x>0$，$5-4\sin x>0$ であるので，$f(x)-g(x)$ の符号は $4\sin x-3\cos x$ の符号に一致する。

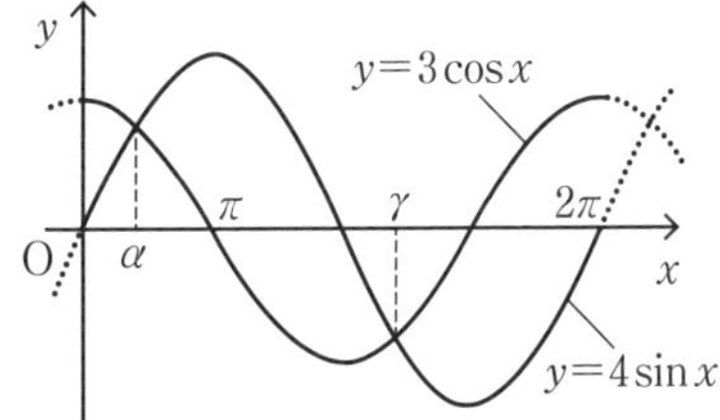

よって，$\alpha<x<\beta$，$\beta<x<\gamma$ のとき，ともに $f(x)>g(x)$ である。

(2) (1)より，$S=\displaystyle\int_\alpha^\gamma\{f(x)-g(x)\}dx$ であるので，
$\displaystyle\int f(x)dx=\frac{4}{3}\log(5-3\cos x)+C$，
$\displaystyle\int g(x)dx=-\frac{3}{4}\log(5-4\sin x)+C$
として計算すればよい。

第2回

正解

問		解答番号	正解	問	解答番号	正解
I	問1	A	0	III	A	1
		B	0		B	3
		C	1		CD	32
		D	0		E	2
		E	2		FGH	162
		F	0		IJKL	1622
		G	0		MN	66
		HIJ	109		O	0
		KL	83		P	1
	問2	MNO	142		Q	0
		PQR	115		R	0
		STU	258		S	0
		VWXY	3145		TUV	612
II	問1	AB	72	IV	ABCD	3292
		C	3		EF	01
		D	2		GHIJKLM	−121333
		EF	11		NOP	928
		GH	10		Q	3
		IJ	60		R	1
	問2	K	2		S	0
		L	2		TU	−3
		M	4		V	1
		NOPQR	78414		W	0
		ST	28		X	0
		UVWX	4657			
		YZ	27			

略解

I 問1

(1) 放物線が下に凸なので $a>0$，軸の位置を考えると $-\dfrac{b}{2a}<0$ から $b>0$，また $f(0)=c=0$ がわかる。さらに，$f(1)=a+b+c>0$，$f(-1)=a-b+c<0$，$f(-5)=25a-5b+c>0$，判別式 $D=b^2-4ac>0$ がグラフの情報からそれぞれ求まる。

(2) (i)から $c=0$，点 $(-3,\ 2)$ を通ることから $9a-3b=2\cdots$②，頂点 $\left(-\dfrac{b}{2a},\ -\dfrac{b^2}{4a}\right)$ が直線 $y=-2x-4$ 上にあるので，代入して整理すると，$b^2+4b-16a=0\cdots$③が得られる。②，③から a を消去して整理すると，$(3b+4)(3b-8)=0$ となるので，$b>0$ より，$b=\dfrac{8}{3}$ と求まる。

I 問2

並べ方の総数は $10!$ 通りある。

(1) 5個の赤球を1個のカタマリとみて，計6個の球を並べる方法が $6!$ 通り。赤球5個の並べ方が $5!$ 通りなので，確率は $\dfrac{6!\times5!}{10!}$ で求まる。

(2) 1の数字が書かれた球を両端に並べて，${}_3P_2$ 通り。残りの並べ方は $8!$ 通りなので，確率は $\dfrac{{}_3P_2\times8!}{10!}$ で求まる。

(3) 左端が赤球のとき，左端の並べ方が5通り，右端は赤玉以外なので5通り，残りの並べ方は $8!$ 通りで，$25\times8!$ 通りある。左端が緑球のときも同様にして $3\times7\times8!$ 通り，青球のときも $2\times8\times8!$ 通りなので，求める確率は $\dfrac{(25+21+16)\times8!}{10!}$ で計算できる。

II 問1

(1) 特性方程式 $\alpha=2\alpha-7$ を解いて，$\alpha=7$ なので，漸化式の両辺から7を引いて整理すると，$a_{n+1}-7=2(a_n-7)$ と変形できる。数列 $\{a_n-7\}$ は，初項 $a_1-7=3$，公比2の等比数列であるから，$a_n-7=3\cdot2^{n-1}$ と求まる。

(2) $a_n<3079$ より，$3\cdot2^{n-1}+7<3079$ なので，$2^{n-1}<1024$ すなわち $n<11$ となる。N はこれを満たす最大の自然数なので，$N=10$ である。

(3) $S_{10}=\sum_{k=1}^{10}a_k=\sum_{k=1}^{10}(3\cdot2^{k-1}+7)=\frac{3(1-2^{10})}{1-2}+70$ $=3\cdot2^{10}+67$，$a_{11}=3\cdot2^{10}+7$ より，$S_{10}-a_{11}=60$ と求まる。

Ⅱ　**問 2**

(1) w は実数なので，$\overline{w}=w$…①が成立する。

(2) $w=z^2-\overline{z}+\frac{2}{z^2}$ より，z が実数であれば w も実数になり，(ii) を満たす。よって，$z=\pm2$ と求まる。$z\neq\pm2$ のとき，(i) より，$z\overline{z}=4$ であるので，$\overline{z}=\frac{4}{z}$ と表せる。①より，$z^2-\overline{z}+\frac{2}{z^2}=(\overline{z})^2-z+\frac{2}{(\overline{z})^2}$ なので，これに代入して整理すると，$\frac{7}{8}z^4+z^3-4z-14=0$ を得る。左辺が $(z+2)(z-2)$ を因数にもつことに注意して，$(z+2)(z-2)(7z^2+8z+28)=0$ と変形でき，$z=\pm2$，$\frac{-4\pm6\sqrt{5}i}{7}$ と求まる。

(3)

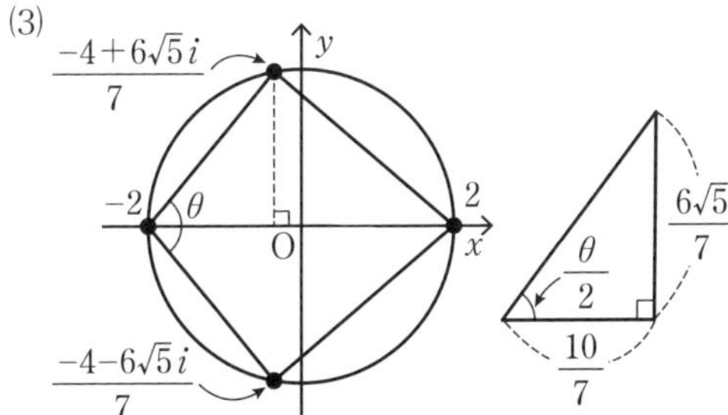

θ は上の左図のように定まる。よって，右図の直角三角形において，横と縦の辺の長さの比が $\sqrt{5}:3$ であるので，三平方の定理より，斜辺の長さの割合が $\sqrt{14}$ と求まり，$\cos\frac{\theta}{2}=\sqrt{\frac{5}{14}}$ とわかる。これにより，$\cos\theta=2\cos^2\frac{\theta}{2}-1=-\frac{2}{7}$ と求まる。

Ⅲ

2 式を連立して整理すると，$2^{x-1}=a$ となり，$x-1=\log_2 a$ と求まる。このとき，$y=3\cdot2^{\log_2 a}=3a$ である。次に，$\tan\alpha$，$\tan\beta$ はそれぞれ ℓ_1，ℓ_2 の傾きに等しい。$y=3\cdot2^{x-1}$ より，$y'=3\cdot2^{x-1}\log2$ となる。これに $x=\log_2 a+1$ を代入して，$\tan\alpha=3a\log2$ を得る。同様にして，$\tan\beta=2a\log2$ が求まる。

よって，$\tan\theta=\frac{\tan\alpha-\tan\beta}{1+\tan\alpha\tan\beta}=\frac{a\log2}{1+6a^2(\log2)^2}$ $=\frac{t}{1+6t^2}\left(=f(t)\right)$ である。

$f'(t)=\frac{1-6t^2}{(1+6t^2)^2}$ より，$f(t)$ の増減表は次のようになる。

t	0	…	$\frac{\sqrt{6}}{6}$	…
$f'(t)$	／	＋	0	−
$f(t)$	／	↗	$\frac{\sqrt{6}}{12}$	↘

$\lim_{t\to+0}f(t)=0$，$\lim_{t\to\infty}f(t)=\lim_{t\to\infty}\frac{1}{\frac{1}{t}+6t}=0$ より，

$0<\tan\theta\leqq\frac{\sqrt{6}}{12}$ を得る。

Ⅳ

(1) $\alpha=\lim_{n\to\infty}\sum_{k=1}^{n}\frac{3n+2k}{9n^2-k^2}=\lim_{n\to\infty}\frac{1}{n}\sum_{k=1}^{n}\frac{3+2\cdot\frac{k}{n}}{9-\left(\frac{k}{n}\right)^2}$

$=\int_0^1\frac{3+2x}{9-x^2}dx=-\int_0^1\frac{2x+3}{x^2-9}dx$ と変形できる。

このとき，$\frac{2x+3}{x^2-9}=\frac{a}{x+3}+\frac{b}{x-3}$ とおく。右辺を通分すると，$\frac{(a+b)x+(-3a+3b)}{x^2-9}$ となるので，左辺と分子を係数比較して，$a=\frac{1}{2}$，$b=\frac{3}{2}$ となる。よって，

$\alpha=-\frac{1}{2}\int_0^1\left(\frac{1}{x+3}+\frac{3}{x-3}\right)dx$

$=-\frac{1}{2}\left[\log|x+3|+3\log|x-3|\right]_0^1$

$=-\frac{1}{2}(5\log2-4\log3)=-\frac{1}{2}\log\frac{32}{81}=\log\sqrt{\frac{81}{32}}$

$=\log\frac{9\sqrt{2}}{8}$ と計算できる。

(2) 関数 $f(x)=\frac{3+2x}{9-x^2}$ のグラフの漸近線について，まず，(分母)$=0$ となる x の値を考える。

$\lim_{x\to3+0}f(x)=-\infty$，$\lim_{x\to3-0}f(x)=\infty$，

$\lim_{x\to-3+0}f(x)=-\infty$，$\lim_{x\to-3-0}f(x)=\infty$ となり，

$x=\pm3$ は漸近線となる。

次に，$\lim_{x\to\pm\infty}f(x)=0$ より，$y=0$ も漸近線となる。

第3回

正解

問		解答番号	正解	問	解答番号	正解
I	問1	AB	26	III	ABCD	4213
		CDE	−14		E	0
		F	1		FG	12
		G	3		HI	67
		H	3		J	0
		I	1		K	5
		JKLM	7232		L	2
		N	1		MNO	767
		O	7		P	2
	問2	PQ	60		Q	7
		RS	12		RST	767
		T	4		U	3
		UV	44		V	0
		W	8		WX	32
		XY	38		YZ	52
II	問1	A	7	IV	AB	43
		B	7		CD	21
		CDE	223		EFG	634
		F	4		HIJK	9163
		G	3		LMN	113
		H	0		O	7
		I	9		P	2
		J	6		Q	0
		K	0		RSTUV	343−2
		L	2		WXYZ	1259
		M	7			
	問2	NOP	332			
		Q	3			
		R	3			
		S	4			
		TUV	718			
		WX	19			
		YZ	31			

略解

I 問1

(1) 放物線①の軸が $x=2$，x 軸から切りとる線分の長さが 8 であるので，x 切片が $x=-2$，6 と定まり，$y=a(x+2)(x-6)$ と表せる。これが点 (2，4) を通るので，$a=-\dfrac{1}{4}$ を得る。

(2) 2 次方程式 $2x^2-(k-7)x+k^2+\dfrac{7}{2}=0$…④の判別式を D として，$D=-7(k+3)(k-1)>0$ より，$-3<k<1$ を得る。このとき，④を解いて，

$$\ell=\frac{k-7+\sqrt{D}}{4}-\frac{k-7-\sqrt{D}}{4}=\frac{\sqrt{D}}{2}$$

$$=\frac{\sqrt{-7(k+1)^2+28}}{2}$$ となり，$k=-1$ のとき，最大値 $\sqrt{7}$ が求まる。

I 問2

(1) お菓子を 3 個，2 個，1 個に分けて順に箱に入れるので，${}_6C_3\times{}_3C_2=60$ 通りと求まる。

(2) 箱 A に 2 個のチョコレートを入れるとき，残り 4 個のキャンディーを 1 個，2 個，1 個に分けて順に箱に入れるので，${}_4C_1\times{}_3C_2=12$ 通り。箱 B に 2 個のチョコレートを入れるときも同様にして ${}_4C_3=4$ 通り。余事象を考えて，求める入れ方は $60-(12+4)=44$ 通りとなる。

(3) チョコレートを 1 個ずつ別の箱に入れる方法は ${}_3P_2=6$ 通り，2 個を同じ箱に入れる方法が 2 通りなので，計 8 通り。

(4) 箱 A，B，C に入るキャンディーの個数の組は (3，1，0)，(3，0，1)，(2，2，0)，(2，1，1)，(1，2，1) のいずれかであるので，それぞれどのキャンディーを選ぶか考えて，${}_4C_3+{}_4C_3+{}_4C_2+{}_4C_2\times{}_2C_1+{}_4C_1\times{}_3C_2=38$ 通りと求まる。

II 問1

(4) 3 点 D，I，J の位置に注目する。求める切断面は平面 OBFD について対称であるので，線分 GC を 2：1 に内分した点 K を通る。図 1 で△DEH ∽△SAH，△BIJ ∽△AIS などに注目して，図 2 の情報を得

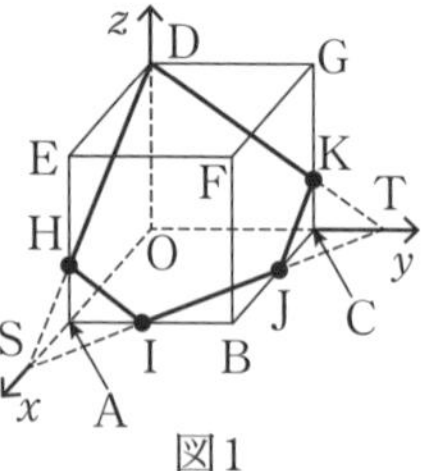

図1

る。

$\triangle \mathrm{SHI}=\dfrac{1}{3}\cdot\dfrac{1}{3}\triangle \mathrm{DST}$ であるので，求める面積 S は，$S=\dfrac{7}{9}\triangle \mathrm{DST}$ として計算できる。

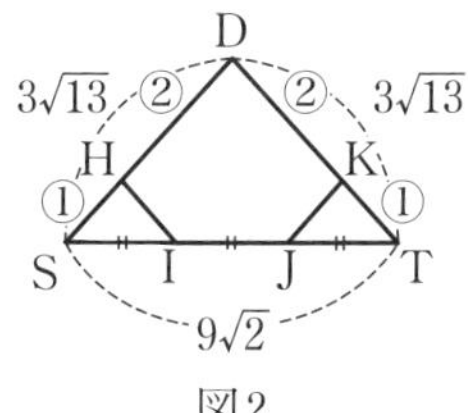

図2

Ⅱ　**問 2**

⑵　$-\dfrac{32}{3}(3-\sqrt{3}i)=\dfrac{64\sqrt{3}}{3}\left(\cos\dfrac{5\pi}{6}+i\sin\dfrac{5\pi}{6}\right)$ より，$w^3=64\left(\cos\dfrac{7\pi}{6}+i\sin\dfrac{7\pi}{6}\right)$ である。また，$w^3=r^3(\cos 3\theta+i\sin 3\theta)$ であるので，両辺の大きさ，偏角を比較して，$r^3=64$，$3\theta=\dfrac{7\pi}{6}+2n\pi$（$n$ は整数）であるので，$r=4$，$\theta=\dfrac{7\pi}{18}+\dfrac{2}{3}n\pi$ を得る。$0\leqq\theta<2\pi$ に注意して，$n=0$，1，2 を代入できる。

Ⅲ

⑵　条件より，$\lim\limits_{x\to\infty}x^2e^{-2x}=\lim\limits_{x\to\infty}xe^{-2x}=0$ なので，$\lim\limits_{x\to\infty}f(x)=0$ となり，適する選択肢は ⓪ である。

⑶　まず“極値は存在するか”に注目すると，$2a-1=3$ のときは極値が存在しないので場合分けが必要である。また，“区間に極値が含まれるか”に注目して，$2a-1\leqq0$，$0<2a-1$ の場合分けが必要となる。さらに，“2つの極値のうちどちらが極大か極小か”で，$2a-1<3$，$3<2a-1$ の場合分けが必要となる。これらをふまえて，以下のようになる。

(i)　$0<a\leqq\dfrac{1}{2}$ のとき，増減表は次のようになるので，最小値をもつための条件は $f(0)\leqq0$ となり，$0<a\leqq\dfrac{1}{2}$ となる。

x	0	…	3	…
$f'(x)$		$+$	0	$-$
$f(x)$		↗		↘

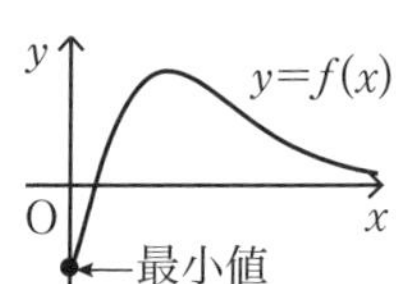

(ii)　$\dfrac{1}{2}<a<2$ のとき，増減表は次のようになるので，$f(x)$ が最小値をもつための条件は $f(2a-1)\leqq0$ となり，$\dfrac{1}{2}<a\leqq\dfrac{3}{2}$ となる。

x	0	…	$2a-1$	…	3	…
$f'(x)$		$-$	0	$+$	0	$-$
$f(x)$		↘		↗		↘

(iii)　$a=2$ のとき，$f(x)$ は単調減少するので，最小値をもたない。

(iv)　$2<a$ のとき，(ii) と同様に考えて $f(3)\leqq0$ となり，$\dfrac{5}{2}\leqq a$ となる。

以上 (i)〜(iv) をまとめて，求める a の範囲は $0<a\leqq\dfrac{3}{2}$，$\dfrac{5}{2}\leqq a$ となる。

Ⅳ

⑴　$\dfrac{dx}{dt}=\dfrac{4}{3}t$，$\dfrac{dy}{dt}=-2t+1$ より，$\dfrac{dy}{dx}=\dfrac{-6t+3}{4t}$ であるので，両辺を x で微分して，

$$\frac{d}{dx}\left(\frac{dy}{dx}\right)=\frac{d}{dx}\left(\frac{-6t+3}{4t}\right)=\frac{d}{dt}\left(\frac{-6t+3}{4t}\right)\frac{dt}{dx}$$

$=\dfrac{3}{4}\left(-\dfrac{1}{t^2}\right)\dfrac{3}{4t}=-\dfrac{9}{16t^3}$ を得る。

⑵　$y=0$ のとき，$t^2-t-6=0$ であるので，$(t-3)(t+2)=0$ となり，$t=3$，-2 となる。このときの x の値をそれぞれ計算して，$\mathrm{A}\left(\dfrac{11}{3},\ 0\right)$，$\mathrm{B}(7,\ 0)$ となる。

⑶　⑴により，x，y の増減表は次の通りである。

t	…	0	…	$\dfrac{1}{2}$	…
dx/dt	$-$	0	$+$	$+$	$+$
dy/dt	$+$	$+$	$+$	0	$-$
$(x,\ y)$	↖		↗		↘

したがって，対応するグラフは ② となる。

⑷　$t=0$ のとき，x は最小値1をとる。求める面積は $S=\displaystyle\int_1^7 ydx-\int_1^{\frac{11}{3}}ydx$ と表せるので，

$$S=\int_0^3 y\cdot\frac{dx}{dt}dt-\int_0^{-2}y\cdot\frac{dx}{dt}dt$$

$$=\int_0^3(-t^2+t+6)\cdot\frac{4}{3}tdt-\int_0^{-2}(-t^2+t+6)\cdot\frac{4}{3}tdt$$

$$=\frac{4}{3}\int_{-2}^3(-t^3+t^2+6t)dt$$

となり，これを計算して $\dfrac{125}{9}$ と求まる。

第4回

正解

問		解答番号	正解
I	問1	A	3
		BC	21
		D	1
		E	8
		F	3
		G	0
		H	3
		I	2
		J	2
		K	8
	問2	LM	18
		NOP	516
		QRS	120
		TU	01
		VW	93
		XYZ	583
II	問1	AB	65
		CDE	087
		FGH	139
		I	2
		J	1
		KL	32
		MN	21
		OP	13
	問2	QRS	−21
		T	3
		U	2
		VWX	−32
		Y	5
		Z	7

問	解答番号	正解
III	AB	24
	C	1
	D	2
	EF	12
	GHI	332
	JKLMN	32663
	OPQR	6211
	S	6
	TUV	322
	W	0
	XY	−4
IV	A	3
	B	3
	C	0
	D	9
	E	2
	F	8
	GHI	012
	J	1
	K	4
	L	6
	MNO	2−3
	PQRST	27962
	UVWX	4227

略解

I　問1

(2)　軸 $x=3a$ と区間 $0\leqq x\leqq 6$ の関係に注目する。

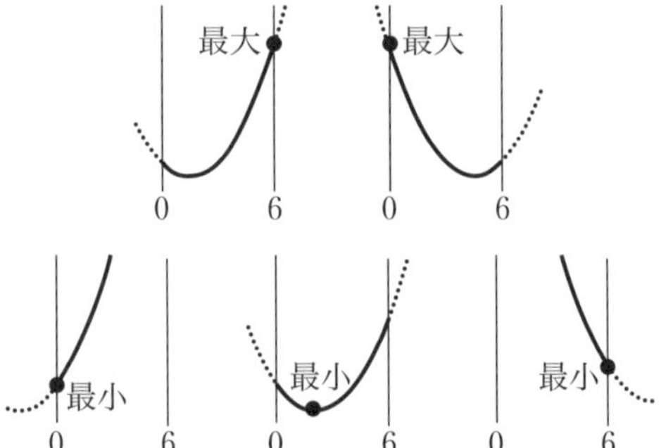

最大値については，$3a\leqq 3$ すなわち $a\leqq 1$ のとき，$M=f(6)$ となり⑧，$1<a$ のとき $M=f(0)$ となり③が適する。最小値については，$3a\leqq 0$ すなわち $a\leqq 0$ のとき，$m=f(0)$ で③，$0<3a\leqq 6$ すなわち $0<a\leqq 2$ のとき，$m=f(3a)$ で②，$2<a$ のとき，$m=f(6)$ で⑧となる。

I　問2

(1)　2回の目の積が8の倍数となるのは，次の2つの場合が考えられる。

(i)　少なくとも1枚が8。

(ii)　(4, 4), (4, 2), (4, 6) の組み合わせが出る。

よって $1-\left(\frac{7}{8}\right)^2+\left(\frac{1}{8}\right)^2+2\cdot\frac{1}{8}\cdot\frac{1}{8}+2\cdot\frac{1}{8}\cdot\frac{1}{8}$

$=\frac{5}{16}$ となる。

(2)　(i)　すべて奇数が出るので，確率は $\left(\frac{1}{2}\right)^n$ である。

(ii)　1枚だけ2または6，残りは奇数が出るので，その確率は ${}_n\mathrm{C}_1\cdot\frac{1}{4}\cdot\left(\frac{1}{2}\right)^{n-1}$ である。

(iii)　まず $n\geqq 2$ のとき，1枚だけ4，残りが奇数が出る場合と，2枚だけ2または6，残りが奇数が出る場合を考えて，その確率は

${}_n\mathrm{C}_1\cdot\frac{1}{8}\cdot\left(\frac{1}{2}\right)^{n-1}+{}_n\mathrm{C}_2\cdot\left(\frac{1}{4}\right)^2\cdot\left(\frac{1}{2}\right)^{n-2}$ で表せる。

これは $n=1$ のときも成り立つ。

X が8の倍数となるのは，$m\geqq 3$ のときであるので，(i)〜(iii)を余事象と捉えて1から引くと，確率 p_n が求まる。

Ⅱ　**問 1**

(2)　$\overrightarrow{AG}=k\overrightarrow{AF}=k\left(\overrightarrow{OF}-\overrightarrow{OA}\right)=-\dfrac{2}{3}k\vec{a}+\dfrac{1}{4}k\vec{b}+\dfrac{1}{12}k\vec{c}$ と表せるので，$\overrightarrow{OG}=\overrightarrow{OA}+\overrightarrow{AG}=\left(1-\dfrac{2}{3}k\right)\vec{a}+\dfrac{1}{4}k\vec{b}+\dfrac{1}{12}k\vec{c}$ である。点 G が平面 OBC 上の点であるから，$1-\dfrac{2}{3}k=0$ すなわち $k=\dfrac{3}{2}$ が求まる。よって，AF：FG＝2：1 であり，$\overrightarrow{OG}=\dfrac{3}{8}\vec{b}+\dfrac{1}{8}\vec{c}$ である。

Ⅱ　**問 2**

(2)　右図の△CPH において三平方の定理より CH ＝$\sqrt{2}$ であり，また，点と直線の距離の公式より，

$\mathrm{CH}=\dfrac{|-2-1+k|}{\sqrt{1^2+(-1)^2}}=\dfrac{|-3+k|}{\sqrt{2}}$ であるので，

$\dfrac{|-3+k|}{\sqrt{2}}=\sqrt{2}$ となり，これを解いて $k=5$ を得る。

(3)　まず，領域の境界線に注目する。円 $x^2+y^2+4x-2y-4=0$ の中心 $(-2,\ 1)$ の位置が不適切で⓪～④を除外する。直線 $y=x+5$ の位置が不適切で⑤を除外する。直線 $x=0$ が境界線になっていないので⑧を除外する。残る候補は⑥，⑦である。これは，適当な点が領域に含まれるかどうかに注目するとよい。例えば点 $(100,\ 0)$ は明らかに $x>0$ かつ $x-y+5>0$ かつ $x^2+y^2+4x-2y-4>0$ を満たすので，与不等式を満たしている。よって，点 $(100,\ 0)$ を灰色部分に含めるので，⑦が正解である。

Ⅲ

$t=\sin x-\cos x$…②において，右辺を合成して $t=\sqrt{2}\sin\left(x-\dfrac{\pi}{4}\right)$…③となる。$-\dfrac{\pi}{4}\leqq x-\dfrac{\pi}{4}\leqq\dfrac{3}{4}\pi$ であるので，$-1\leqq t\leqq\sqrt{2}$ となる。ここで，②の両辺を 2 乗して整理すると，$2\sin x\cos x=1-t^2$ であり，$\sin^3x-\cos^3x=(\sin x-\cos x)(\sin^2x+\sin x\cos x+\cos^2x)=t\left(1+\dfrac{1-t^2}{2}\right)=\dfrac{3t-t^3}{2}$ であるので，

これらを代入して整理すると，$f(x)=3t^4-2t^3-6t^2+6t+3\left(=g(t)\right)$ と表せる。よって，

$g'(t)=6(2t-1)(t-1)(t+1)$ となり，$g(t)$ の増減表は次のようになる。

t	-1	…	$\frac{1}{2}$	…	1	…	$\sqrt{2}$
$g'(t)$	0	＋	0	−	0	＋	
$g(t)$	-4	↗	$\frac{71}{16}$	↘	4	↗	$3+2\sqrt{2}$

最後に，③に $t=-1$，$t=\sqrt{2}$ を代入して計算すれば，それぞれ $x=0$，$x=\dfrac{3}{4}\pi$ が得られる。

Ⅳ

(2)

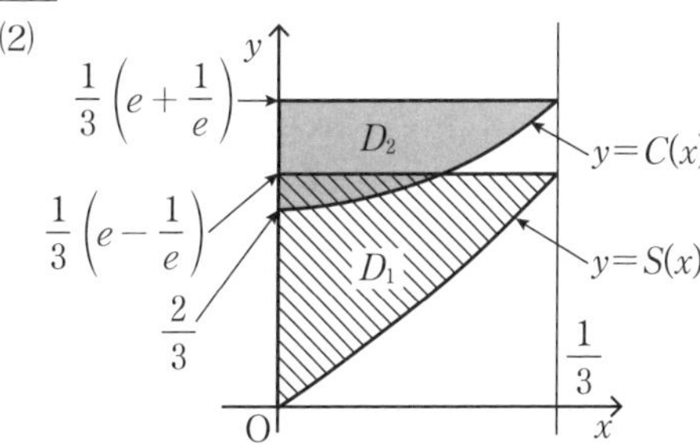

上図について，まずは，D_1 の部分を y 軸のまわりに回転してできる立体の体積を考える。

D_1 の部分を y 軸に垂直に切断し，y 軸のまわりに回転してできる円の面積は πx^2 であるので，

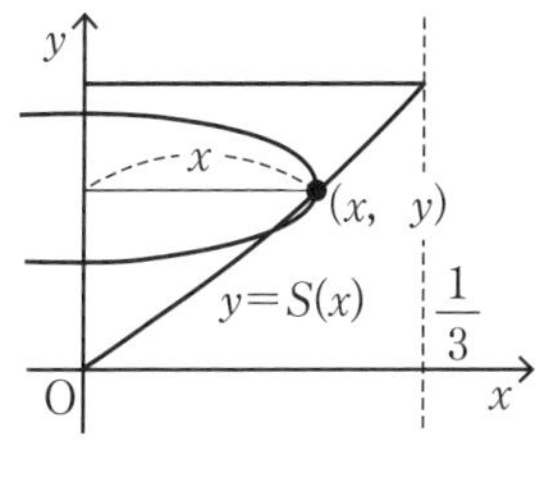

$V_1=\displaystyle\int_0^{\frac{1}{3}\left(e-\frac{1}{e}\right)}\pi x^2dy$

と表せる。このとき，

$y=S(x)$ より，$dy=S'(x)dx$ であり，

$y:0\to\dfrac{1}{3}\left(e-\dfrac{1}{e}\right)$ のとき，$x:0\to\dfrac{1}{3}$ であるから，

$V_1=\pi\displaystyle\int_0^{\frac{1}{3}}x^2S'(x)dx$ と表せる。同様にして，

$V_2=\pi\displaystyle\int_0^{\frac{1}{3}}x^2C'(x)dx$ である。したがって，

$V_1-V_2=\pi\displaystyle\int_0^{\frac{1}{3}}x^2\{S'(x)-C'(x)\}dx=2\pi\displaystyle\int_0^{\frac{1}{3}}x^2e^{-3x}dx$ であり，部分積分を用いて

$\displaystyle\int x^2e^{-3x}dx=-\dfrac{1}{27}(9x^2+6x+2)e^{-3x}+C$ となるので，V が求まる。

第5回

正解

問		解答番号	正解
I	問1	ABCD	1315
		EF	23
		GH	47
		IJK	728
		LMNO	1342
		P	2
		Q	5
	問2	RS	48
		TU	12
		VW	32
		XYZ	900
II	問1	A	3
		BC	52
		D	2
		EF	32
		GHIJ	1252
		KLMN	1523
		OP	12
	問2	QRST	2172
		U	7
		V	6
		W	7
		XYZ	774

問	解答番号	正解
III	A	0
	BCDE	2532
	FGH	327
	I	8
	J	7
	KLM	183
	N	0
	O	6
	P	0
	Q	1
	R	0
	S	2
	T	1
IV	A	5
	BC	52
	DEFG	3232
	HI	32
	J	2
	KL	10
	MNO	423
	PQ	14
	RS	54
	TUVWX	36254
	YZ	24

略解

I 問1

(2) ①を a について整理して，$(x^2-6x+8)a-y+2x-1=0$ であり，これを a の恒等式とみると，$x^2-6x+8=0$，$-y+2x-1=0$ であるので，これを解いて，$(x,\ y)=(2,\ 3)$，$(4,\ 7)$ となる。

(3) ①，②より y を消去すると，$2ax^2-2(3a-1)x+8a-4b-2=0$ であるので，判別式 $D>0$ を整理して $7a^2+2a-8ab-1<0$ となる。このとき，①＋②より x^2 の項を消去して整理すると，$y=(1-3a)x+4a+2b$ となり，これが直線 AB の方程式である。

I 問2

(1) (i) A_1，A_2 と書かれた2つの球をカタマリとみて，計5個の球を円形に並べる。A_1，A_2 の並びも考えて，$(5-1)!\times 2!$ で求まる。

(ii) 数字1の書かれた球3個を円形に並べて，$(3-1)!=2$ 通り。そのスキマ3カ所に数字2の書かれた球3個を1個ずつ並べて，$3!=6$ 通り。よって，$2\times 6=12$ 通りと求まる。

(iii) A_2 を「イ」に置く場合，Bの球2個とCの球2個は，「アエ」と「ウオ」のいずれかに置くこととなる。B_1 と B_2 の入れ替え，C_1 と C_2 の入れ替え，「アエ」と「ウオ」の入れ替えを考えて，$2\times 2\times 2=8$ 通り。A_2 を「エ」に置く場合も同数あるので，16通りである。

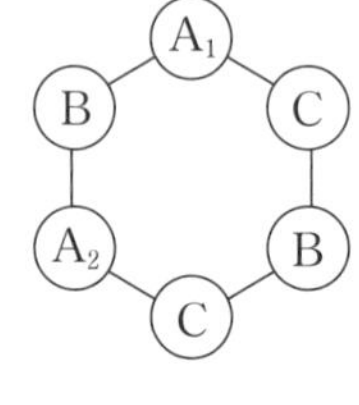

続いてA_2を「ウ」に置く場合，「アオ」「イエ」と「アエ」「イオ」に分けることができる。それぞれ $2\times 2\times 2=8$ 通りで計16通りあり，求める並べ方は全部で32通りと求まる。

(2) 4個の球を選んで ${}_6C_4$ 通り。そのうち1個を固定して，残り3個と空き2個を並べて $\dfrac{5!}{2!}$ 通りで求まる。

II　**問 1**

与式の n に $n+1$ を代入して，$2S_{n+1}=a_{n+1}+5\cdot 2^{n+1}-7$ であるので，これと与式の辺々の差をとる。$S_{n+1}-S_n=a_{n+1}$ であることに注意して，$2a_{n+1}=a_{n+1}-a_n+5\cdot 2^n$ すなわち $a_{n+1}=-a_n+5\cdot 2^n$ となる。この式の両辺を 2^{n+1} で割って，$b_{n+1}=-\dfrac{1}{2}b_n+\dfrac{5}{2}$ となるので，この漸化式を解いて，$b_n=\dfrac{5}{3}+\dfrac{1}{3}\left(-\dfrac{1}{2}\right)^n$ となり，$a_n=\dfrac{(-1)^n+5\cdot 2^n}{3}$ が求まる。よって，与式の両辺を a_n で割ると，$2\left(\dfrac{S_n}{a_n}\right)=1+\dfrac{5\cdot 2^n}{a_n}-\dfrac{7}{a_n}$ となるので，この右辺において $n\to\infty$ とすると，$1+3-0=4$ となり，ここから $\displaystyle\lim_{n\to\infty}\frac{a_n}{S_n}=\frac{1}{2}$ が求まる。

II　**問 2**

①の両辺を β^2 で割ると，$\left(\dfrac{\alpha}{\beta}\right)^2-\sqrt{21}\left(\dfrac{\alpha}{\beta}\right)+7=0$ となるので，これを解いて，$\dfrac{\alpha}{\beta}=\dfrac{\sqrt{21}\pm\sqrt{7}\,i}{2}$ である。これを極形式で表すと，$\sqrt{7}\cdot\dfrac{\sqrt{3}\pm i}{2}=\sqrt{7}\left\{\cos\left(\pm\dfrac{\pi}{6}\right)+i\sin\left(\pm\dfrac{\pi}{6}\right)\right\}$ となる。また，$\alpha=\dfrac{\sqrt{21}\pm\sqrt{7}\,i}{2}\beta$ であるので，これを②に代入して整理すると，$|(5\pm\sqrt{7}\,i)\beta|=4\sqrt{14}$ となり，$4\sqrt{2}|\beta|=4\sqrt{14}$ となるので，$|\beta|=\sqrt{7}$ を得る。以上により，△OAB の面積は $\dfrac{1}{2}|\alpha||\beta|\sin\angle\mathrm{AOB}=\dfrac{1}{2}\cdot 7\cdot\sqrt{7}\cdot\sin\dfrac{\pi}{6}=\dfrac{7\sqrt{7}}{4}$ と求まる。

III

$f(x)=\dfrac{2\log x+5\log 3}{x}$ と表せるので計算すると，$f'(x)=\dfrac{2-5\log 3-2\log x}{x^2}$ となる。$f'(x)=0$ とすると，$\log x=\dfrac{1}{2}(2-5\log 3)=\log\dfrac{\sqrt{3}e}{27}$ より，$x=\dfrac{\sqrt{3}e}{27}$ と求まる。したがって，$f(x)$ の増減表は右のようになり，$\displaystyle\lim_{n\to\infty}f(x)=0$，$\displaystyle\lim_{x\to+0}f(x)=-\infty$ をふまえて $y=f(x)$ のグラフは右のようになる。直線 $y=k$ との共有点の個数を数えれば答えを得る。

x	0	…	$\dfrac{\sqrt{3}e}{27}$	…
$f'(x)$		$+$	0	$-$
$f(x)$		↗	$\dfrac{18\sqrt{3}}{e}$	↘

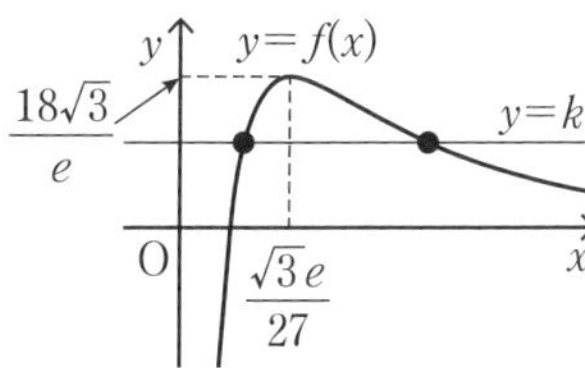

IV

(1)　$\overset{\frown}{\mathrm{BC}}=\overset{\frown}{\mathrm{CP}}$ より，$\angle\mathrm{CAP}=\dfrac{5}{2}\theta$ なので，$\angle\mathrm{XAP}=\dfrac{3}{2}\theta$ と求まる。したがって，$\overrightarrow{\mathrm{OP}}=\overrightarrow{\mathrm{OA}}+\overrightarrow{\mathrm{AP}}$

$$=\begin{pmatrix}3\cos\theta\\3\sin\theta\end{pmatrix}+\begin{pmatrix}2\cos\left(-\dfrac{3}{2}\theta\right)\\2\sin\left(-\dfrac{3}{2}\theta\right)\end{pmatrix}$$

$$=\begin{pmatrix}3\cos\theta+2\cos\dfrac{3}{2}\theta\\3\sin\theta-2\sin\dfrac{3}{2}\theta\end{pmatrix}$$

となる。

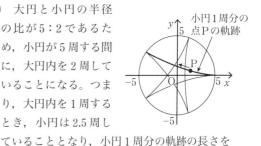

(2)　$y=0$ のとき，$\dfrac{\theta}{2}=t$ とおくと，$3\sin 2t-2\sin 3t=0$ であるので，$\sin t\neq 0$ に注意して整理すると，$4\cos^2 t-3\cos t-1=0$ を得る。これを解いて，$\cos t=-\dfrac{1}{4}$ と求まるので，これを $x=3\cos 2t+2\cos 3t$ に代入して，$x=-\dfrac{5}{4}$ と求まる。

(3)　大円と小円の半径の比が 5：2 であるため，小円が 5 周する間に，大円内を 2 周していることになる。つまり，大円内を 1 周するとき，小円は 2.5 周していることとなり，小円 1 周分の軌跡の長さを 2.5 倍すればよいこととなる。ここで，

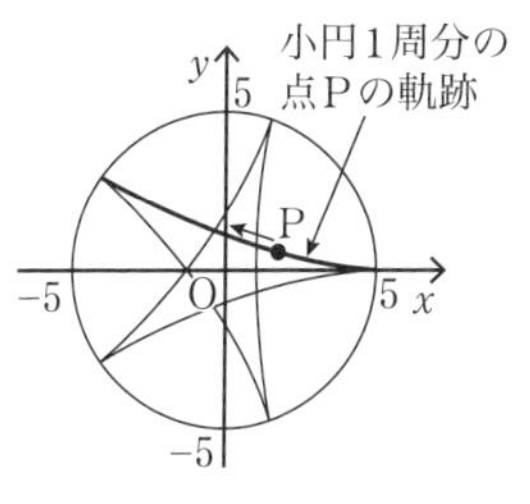

$\dfrac{dx}{d\theta}=-3\sin\theta-3\sin\dfrac{3}{2}\theta$，$\dfrac{dy}{d\theta}=3\cos\theta-3\cos\dfrac{3}{2}\theta$ より，$\sqrt{\left(\dfrac{dx}{d\theta}\right)^2+\left(\dfrac{dy}{d\theta}\right)^2}$ を計算すると，

$$18-18\left(\cos\theta\cos\frac{3}{2}\theta-\sin\theta\sin\frac{3}{2}\theta\right)$$

$=18-18\cos\dfrac{5}{2}\theta=36\sin^2\dfrac{5}{4}\theta$ と整理でき，これにより求める軌跡の長さは $\displaystyle\frac{5}{2}\int_0^{\frac{4}{5}\pi}6\sin\frac{5}{4}\theta\,d\theta$ と立式し計算することができる。

第6回

正解

問		解答番号	正解	問	解答番号	正解
Ⅰ	問1	AB	36	Ⅲ	A	1
		C	1		B	9
		D	5		C	3
		E	3		DE	01
		F	6		FGHI	4452
		GH	53		JKL	104
		IJ	12		MN	54
		KLMN	−214		OPQ	635
	問2	OPQ	254		RST	306
		R	3		U	6
		STU	762		VWXY	9618
		VWXY	5796	Ⅳ	ABC	618
Ⅱ	問1	ABC	705		DE	93
		D	0		FGHI	1236
		EF	32		JKL	412
		GHI	441		MN	26
		J	2		OPQ	−26
		K	2		RST	232
		LMN	650		UVWX	1872
		OP	33			
	問2	QR	64			
		S	5			
		TU	56			
		VW	72			
		X	3			
		YZ	96			

略解

Ⅰ 問1

(1) 軸 $x=3$ と区間 $a \leqq x \leqq a+2$ に注目する。

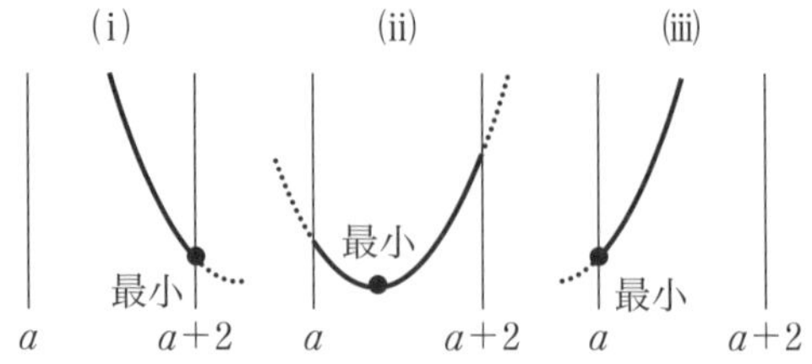

(i) $a+2<3$ すなわち $a<1$ のとき，
$m(a)=f(a+2)=a^2-a-5$

(ii) $a \leqq 3 \leqq a+2$ すなわち $1 \leqq a \leqq 3$ のとき，
$m(a)=f(3)=a-6$

(iii) $3<a$ のとき，$m(a)=f(a)=a^2-5a+3$ となる。

(2) (1)で求めた $m(a)$ を a の関数と見てグラフを描くと右図のようになる。
よって，$a=\dfrac{1}{2}$ のとき，
最小値 $-\dfrac{21}{4}$ をとる。

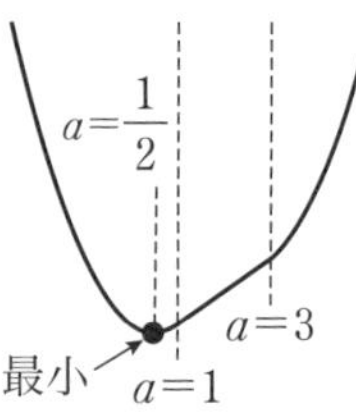

Ⅰ 問2

(1) 硬貨1枚につき，貯金箱A，Bのいずれに入るか2通りの選択をすると，$2^8=256$ 通り。このうち，すべての硬貨がA，Bのどちらか1つの貯金箱にだけ入る入れ方が2通り含まれるので，$256-2=254$ 通り。

(2) 硬貨8枚を3種類の貯金箱に配分する方法は $3^8=6561$ 通りある。ただし，これには1枚も硬貨が入らない空の貯金箱がある場合も含まれる。

(i) 空の貯金箱が2つのとき，1つの貯金箱に8枚の硬貨をすべて入れるので，3通り。

(ii) 空の貯金箱が1つのとき，硬貨の入る貯金箱を2つ選んで，${}_3C_2=3$ 通り。この2つの貯金箱に硬貨を入れる方法は，(1)より254通り。
よって，$3\times254=762$ 通り。

以上により，求める入れ方の総数は $6561-(3+762)=5796$ 通りと求まる。

II　問1

$\overrightarrow{OP}=\overrightarrow{OA}+t\overrightarrow{AB}=(4t-2,\ 2t+1,\ -2t+4)$ である。

(2)　$\overrightarrow{OQ}=\overrightarrow{OC}+s\overrightarrow{CD}=(s+1,\ 3s+2,\ 2s-7)$ であるので，$\overrightarrow{PQ}=(s-4t+3,\ 3s-2t+1,\ 2s+2t-11)$ となる。よって，$\overrightarrow{PQ}\cdot\overrightarrow{AB}=0$，$\overrightarrow{PQ}\cdot\overrightarrow{CD}=0$ を計算して $s-4t+6=0$，$7s-3t-8=0$ となるので，これを解いて，$(t,\ s)=(2,\ 2)$ を得る。このとき，$\overrightarrow{PQ}=(-3,\ 3,\ -3)$ となるので，$|\overrightarrow{PQ}|=3\sqrt{3}$ と求まる。

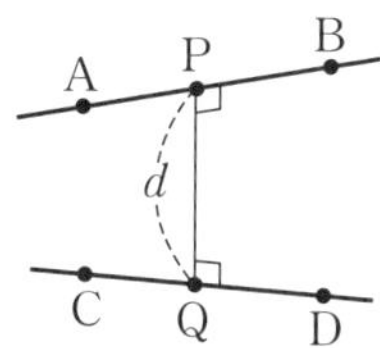

II　問2

$\angle APB=90^\circ$ より，点 P は線分 AB を直径とする円周上にある。すなわち，中心 $C(6+4i)$，半径 $\sqrt{5}$ の円周上にあるので，$|z-6-4i|=\sqrt{5}$ が成立する。

(1)　$\triangle PAB$ において，辺 AB を底辺と見て，高さが最大になるときを考える。右図の2つの直角三角形は合同であるので，$P_1(5+6i)$ と求まる。

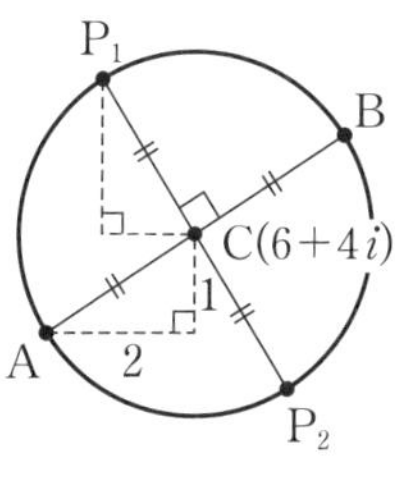

同様に考えて，$P_2(7+2i)$ と求まる。

(2)　3点 O，A，P が一直線上にあるとき，実数 k を用いて $z=4k+3ki$ と表せる。このとき，$z-\gamma=(4k-6)+(3k-4)i$ であるので，$|z-\gamma|^2=(4k-6)^2+(3k-4)^2=5$ となり，整理すると $25k^2-72k+47=0$ となる。この方程式の解のうちの1つが必ず $k=1$ になることに注意して，$(k-1)(25k-47)=0$ と変形できるので，$k=\dfrac{47}{25}$ と求まる。これにより，$\cos\theta$ や z の値が計算できる。

III

(2)　(1)を解くと，右図のような情報を得るので，

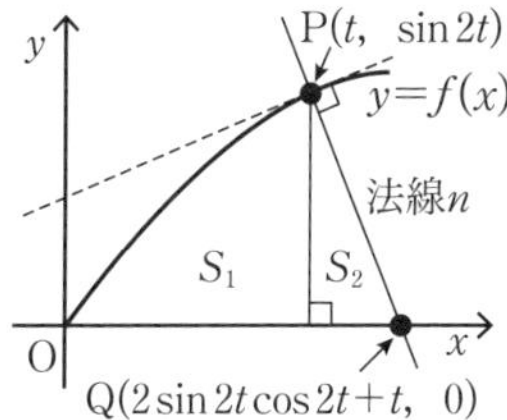

$\{g(t)\}^2$ は $\{(2\sin 2t\cos 2t+t)-t\}^2+(\sin 2t)^2$
$=4\sin^2 2t\cos^2 2t+\sin^2 2t=\sin^2 2t(4\cos^2 2t+1)$
$=u^2\{4(1-u^2)+1\}=-4u^4+5u^2$ と計算できる。ここで，$u^2=s\ (0<s<1)$ と置けば，
$\{g(t)\}^2=-4s^2+5s=-4\left(s-\dfrac{5}{8}\right)^2+\dfrac{25}{16}$ となるので，$g(t)$ は $s=\dfrac{5}{8}$ すなわち $u=\dfrac{\sqrt{10}}{4}$ のとき，最大値 $\dfrac{5}{4}$ をとる。

(3)　求める面積を図のように S_1 と S_2 に分割して，
$S(t)=S_1+S_2=\displaystyle\int_0^t \sin 2x dx$
$+\dfrac{1}{2}\cdot(2\sin 2t\cos 2t)\sin 2t=\left[-\dfrac{1}{2}\cos 2x\right]_0^t$
$+\sin^2 2t\cos 2t=\dfrac{1}{2}+\dfrac{1}{2}\cos 2t-\cos^3 2t$ と立式できる。よって，$S'(t)=-\sin 2t+6\cos^2 2t\sin 2t$
$=-u+6(1-u^2)u=-6u^3+5u$ となり，
$S'(t)=0$ のとき，$u=\dfrac{\sqrt{30}}{6}$ と求められる。

u	0	…	$\dfrac{\sqrt{30}}{6}$	…	1
$S'(t)$		+	0	−	
$S(t)$		↗		↘	

IV

②の置き換えにより，①は
$f(x)=6e^{3x}+3e^{-3x}\displaystyle\int_0^x e^{3t}f(t)dt+2ke^{3x}$ と表せるので，この式の両辺を x で微分して，
$f'(x)=18e^{3x}+3\left\{-3e^{-3x}\displaystyle\int_0^x e^{3t}f(t)dt+f(x)\right\}$
$+6ke^{3x}=(6k+18)e^{3x}-9e^{-3x}\displaystyle\int_0^x e^{3t}f(t)dt+3f(x)$
となる。これに①を代入して $f(x)$ を消去すると，$f'(x)=(12k+36)e^{3x}$ となるので，両辺を x で不定積分して，$f(x)=(4k+12)e^{3x}+C$（C は積分定数）を得る。①を利用して $f(0)=2k+6=4k+12+C$ となるので，$C=-2k-6$ であり，これにより，$f(x)=2(k+3)(2e^{3x}-1)$ と表せる。最後にこれを②に代入して $2(k+3)\displaystyle\int_0^1(2-e^{-3t})dt=k$ となるので，計算すると $k=\dfrac{-30e^3-6}{7e^3+2}$ と求まり答えを得る。

第7回

正解

問		解答番号	正解	問	解答番号	正解
I	問1	AB	21	Ⅲ	AB	24
		C	2		C	2
		DE	21		DE	34
		F	2		F	0
		GHI	−33		GH	74
		J	2		I	1
		K	6		J	0
	問2	LMN	144		KL	34
		OPQ	120		MNOPQ	22342
		RS	24		RSTUVW	254221
		TU	60	Ⅳ	ABCD	1232
		VW	60		E	8
		XYZ	120		F	9
Ⅱ	問1	ABCD	7126		G	4
		E	3		HI	−4
		FG	34		JK	56
		H	4		LM	73
		I	0		N	3
		J	2		O	8
		K	3		P	3
		L	7		QRS	497
	問2	MN	32		T	7
		OPQ	131		UV	43
		R	3		WX	17
		S	1		YZ	23
		TUV	645			
		W	2			
		XY	53			
		Z	6			

略解

I 問1

(1) C_1とℓの方程式を連立すると，$x^2-(a+2)x-b+1=0$である。この方程式の2解がα，βであるので，解と係数の関係より，$\alpha+\beta=a+2$となる。よって，中点M$(x,\ y)$について，

$x=\dfrac{\alpha+\beta}{2}=\dfrac{a}{2}+1$であり，$y=ax+b$
$=a\left(\dfrac{a}{2}+1\right)+b=\dfrac{a^2}{2}+a+b$を得る。

I 問2

(1) (i) 中央の色を選んで6通り。残り5色を円形に並べて$(5-1)!=24$通りで計算できる。

(ii) 5色のうち2回使う色を1つ選んで5通り。この5色をA，A，B，C，D，Eとする。中央はB〜Eから1色選んで4通り。これをBとして，残りA，A，C，D，Eのうち，まずC，D，Eを円形に並べて$(3-1)!=2$通り，そのスキマ3カ所から2カ所選んでAを入れて，${}_3C_2=3$通り。以上より，$5\times4\times2\times3=120$通り。

(iii) 2回使う色を2色選んで${}_4C_2=6$通り。これをA，A，B，B，C，Dとする。中央はC，Dから1色選んで2通り。残った方を1カ所固定し，残りA，Bを配置する方法が図のように2通り。以上より，$6\times2\times2=24$通り。

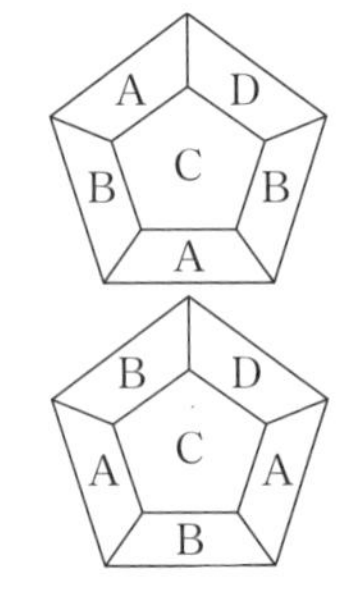

(2) 2回使う色を2色選んで${}_5C_2=10$通り。この5色をA，A，B，B，C，D，Eとする。

(i) 上下の面に塗る色を選んで2通り。これをAとして，残りB，B，C，D，Eを円形に並べる。(1)の(ii)と同様に$2\times3=6$通りあるが，上下の面が入れ替わる重複があるので，$6\div2=3$通りとなる。よって，$10\times2\times3=60$通り。

(ii) 上下の面に塗る2色をC，D，Eから選んで，${}_3C_2=3$通り。上下をC，Dに固定して，残りA，A，B，B，Eを側面に塗る方法が，(1)の(iii)と同様に2通り。以上より，$10\times3\times2=60$通り。

Ⅱ **問1**

与式を変形して，$\overrightarrow{AP}=\frac{7-k}{12}\overrightarrow{AB}+\frac{1}{6}\overrightarrow{AC}$ となる。

(1) $k=0$ のとき，$\overrightarrow{AP}=\frac{7}{12}\overrightarrow{AB}+\frac{1}{6}\overrightarrow{AC}$ である。$\frac{7}{12}+\frac{1}{6}=\frac{3}{4}$に注目して，$\overrightarrow{AP}=\frac{3}{4}\left(\frac{7}{9}\overrightarrow{AB}+\frac{2}{9}\overrightarrow{AC}\right)=\frac{3}{4}\overrightarrow{AD}$ と変形する。これにより，線分BCを2：7に内分した点Dに対し，線分ADを3：1に内分した点がPであることが読み取れる。

(2) 一般に，$\overrightarrow{AP}=\alpha\overrightarrow{AB}+\beta\overrightarrow{AC}$ と表せるとき，点Pが△ABCの内部に存在するための条件は，$\alpha+\beta<1$ かつ $\alpha>0$ かつ $\beta>0$ である。これに当てはめて計算するとよい。

Ⅱ **問2**

(1) 一般に，2円の半径を r_1，r_2，中心間の距離を d として，2円が共有点をもつための条件は，$|r_1-r_2|\leqq d\leqq r_1+r_2$ であるので，本問に当てはめて，$|r-1|\leqq\sqrt{13}\leqq r+1$ となる。これを解いて$\sqrt{13}-1\leqq r\leqq\sqrt{13}+1$ を得る。

(2) $r=3$ のとき，C_3 の方程式は $x^2+y^2-1+k(x^2+y^2-6x-4y+4)=0$…②となる。$k=-1$ のとき，これは直線 $6x+4y-5=0$ となり，2円 C_1，C_2 の2つの交点を通る直線を表す。また，C_3 が原点を通るとき，②に $(x,\ y)=(0,\ 0)$ を代入して，$-1+4k=0$ すなわち $k=\frac{1}{4}$となる。これを②に代入して計算するとよい。

Ⅲ

$f'(x)=e^{-x}(\sin x+\cos x)=\sqrt{2}e^{-x}\sin\left(x+\frac{\pi}{4}\right)$ であるので，$f(x)$ の $0\leqq x\leqq 2\pi$ における増減表は次のようになる。

x	0	…	$\frac{3}{4}\pi$	…	$\frac{7}{4}\pi$	…	2π
$f'(x)$		+	0	−	0	+	
$f(x)$		↗		↘		↗	

したがって，$x>0$ において極大値をとる最小の x の値は $x_1=\frac{3}{4}\pi$ であり，周期 2π で極大値が存在するので，$x_n=\frac{3}{4}\pi+2(n-1)\pi$ と表せる。このとき，$f(x_n)=-e^{-x_n}\cos x_n$ について

$e^{-x_n}=e^{-\left\{\frac{3}{4}\pi+2(n-1)\pi\right\}}=\frac{1}{e^{\frac{3}{4}\pi}}\left(\frac{1}{e^{2\pi}}\right)^{n-1}$，

$\cos x_n=\cos\left\{\frac{3}{4}\pi+2(n-1)\pi\right\}=-\frac{\sqrt{2}}{2}$と整理できるので，$f(x_n)=\frac{\sqrt{2}}{2e^{\frac{3}{4}\pi}}\cdot\left(\frac{1}{e^{2\pi}}\right)^{n-1}$ である。よって，

数列 $\{f(x_n)\}$ は，初項$\frac{\sqrt{2}}{2e^{\frac{3}{4}\pi}}$，公比 $e^{-2\pi}$ の等比数列であるので，$\sum_{n=1}^{\infty}f(x_n)=\frac{\sqrt{2}}{2e^{\frac{3}{4}\pi}}\cdot\frac{1}{1-e^{-2\pi}}$ となり，これを整理して答えを得る。

Ⅳ

(1) $f'(x)=\frac{12-x}{(x^2+3)^{\frac{3}{2}}}$ より，$f(x)$ の増減表は右のようになる。

x	…	12	…
$f'(x)$	+	0	−
$f(x)$	↗		↘

また，$\lim_{x\to\infty}f(x)=\lim_{x\to\infty}\frac{4+\frac{1}{x}}{\sqrt{1+\frac{3}{x^2}}}=4$，

$\lim_{x\to-\infty}f(x)=\lim_{x\to-\infty}\frac{4+\frac{1}{x}}{-\sqrt{1+\frac{3}{x^2}}}=-4$ であるので，

$f(x)$ の値域は $-4<f(x)\leqq f(12)$ となる。

(2) $x=\sqrt{3}\tan\theta$ とおくと，$\frac{dx}{d\theta}=\sqrt{3}\cdot\frac{1}{\cos^2\theta}$であり，

$A=\int_0^{\frac{\pi}{3}}\frac{4\sqrt{3}\tan\theta+1}{\sqrt{3(\tan^2\theta+1)}}\cdot\frac{\sqrt{3}}{\cos^2\theta}d\theta$

$=\int_0^{\frac{\pi}{3}}\frac{4\sqrt{3}\tan\theta+1}{\cos\theta}d\theta=\int_0^{\frac{\pi}{3}}\left(4\sqrt{3}\cdot\frac{\sin\theta}{\cos^2\theta}+\frac{1}{\cos\theta}\right)d\theta$と変形できる。ここで，積分定数を C として，$\int\frac{\sin\theta}{\cos^2\theta}d\theta=\frac{1}{\cos\theta}+C$，$\int\frac{1}{\cos\theta}d\theta$

$=\int\frac{\cos\theta}{1-\sin^2\theta}d\theta=\int\frac{\cos\theta}{(1-\sin\theta)(1+\sin\theta)}d\theta$

$=\frac{1}{2}\int\left(\frac{\cos\theta}{1-\sin\theta}+\frac{\cos\theta}{1+\sin\theta}\right)d\theta=\frac{1}{2}(-\log|1-\sin\theta|+\log|1+\sin\theta|)+C=\frac{1}{2}\log\left|\frac{1+\sin\theta}{1-\sin\theta}\right|+C$

$=\frac{1}{2}\log\left|\frac{(1+\sin\theta)^2}{\cos^2\theta}\right|+C=\log\left|\frac{1+\sin\theta}{\cos\theta}\right|+C$ となるので，これを当てはめて計算するとよい。

第 8 回

正解

問		解答番号	正解	問	解答番号	正解
Ⅰ	問 1	AB	57	Ⅲ	ABCD	6126
		C	2		EFGH	3 − 32
		D	4		I	2
		E	4		J	0
		F	8		KL	76
		G	1		M	9
		HI	53		N	1
		JKL	222		O	5
		M	2		P	2
		NO	10		Q	0
		P	4		RST	242
		Q	6		UV	42
		R	3		WX	43
		S	6	Ⅳ	AB	22
	問 2	T	4		CD	22
		U	7		E	2
		V	9		FGH	127
		W	0		IJ	18
		X	3		KL	12
		Y	5		MN	22
Ⅱ	問 1	ABC	493		O	6
		DE	32		PQ	20
		F	5		RS	01
		G	4		TUV	242
		HIJK	5432			
		L	1			
		M	9			
	問 2	NO	43			
		P	3			
		Q	5			
		R	2			
		STUV	8565			
		WX	16			
		YZ	10			

略解

Ⅰ 問 1

(2)(3)(4)　②は $x \leqq -2$, $4 \leqq x$ のとき，

$y=\frac{1}{3}(x^2+4x-8)$…③，$-2<x<4$ のとき，

$y=-\frac{1}{3}(x^2-8x-8)$…④となるので，下図のようになる。

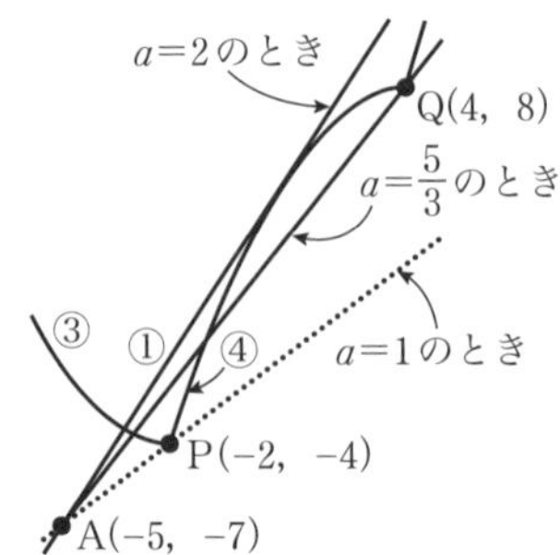

よって，2 点 A，Q を通る直線の傾きは $a=\frac{5}{3}$ となる。次に，直線①と放物線④が $-2<x<4$ の範囲で接するときの a の値を求めたい。2 式を連立して整理すると，$x^2+(3a-8)x+15a-29=0$ となる。判別式 D を計算して，$D=9(a^2-12a+20)$ となるので，接するときの a の値は $a=2,\ 10$ となる。図より，$a=10$ の方は①と④が $x<-2$ の範囲で接するときと判断できるので，今回求める a の値は $a=2$ である。したがって，①と②が異なる 4 個の共有点をもつような a の値の範囲は $\frac{5}{3}<a<2$ である。

Ⅰ 問 2

陽性と判定される事象を A，ウイルスに感染しているという事象を B とする。

(1)　(i)　$P(A\cap B)=\frac{8}{100}\times\frac{7}{10}=\frac{7}{125}$ である。

(ii)　$P(A\cap\overline{B})=\frac{92}{100}\times\frac{2}{100}=\frac{23}{1250}$ である。

(iii)　$P(A)=P(A\cap B)+P(A\cap\overline{B})=\frac{93}{1250}$ である。

よって，$P_A(B)=\frac{P(A\cap B)}{P(A)}=\frac{70}{93}$ である。

(2)　$P(\overline{A}\cap B)=\frac{8}{100}\times\frac{3}{10}=\frac{3}{125}$, $P(\overline{A})=1-P(A)=\frac{1157}{1250}$ であるので, $P_{\overline{A}}(B)=\frac{P(\overline{A}\cap B)}{P(\overline{A})}=\frac{30}{1157}$ である。

II　問1

(1)　①の両辺に底が3の対数をとって，$\log_3 a_{n+1} = 4\log_3 a_n - 9n - 3$ となり，$b_n = \log_3 a_n$ とおくと，$b_{n+1} = 4b_n - 9n - 3$…③となる。これを $b_{n+1} - \{p(n+1)+q\} = 4\{b_n - (pn+q)\}$ と変形したい。整理して，$b_{n+1} = 4b_n - 3pn + p - 3q$…④となるので，③，④を係数比較して，$-9 = -3p$，$-3 = p - 3q$ となり，これを解いて $p=3$，$q=2$ と求まる。これにより，$b_n = 5\cdot 4^{n-1} + 3n + 2$ が求まる。

(2)　$a_n \geqq 10^{10^5-1}$ を満たす n の最小値を求めたい。両辺の常用対数をとって整理すると，$5\cdot 4^{n-1} + 3n + 2 \geqq \dfrac{10^5-1}{\log_{10} 3} = 209597.$…となる。$4^7 = 16384$ のときは，5倍しても8万程度なので足りないが，さらに4倍すると32万を超えることから，n の最小値を判断できる。

II　問2

①の左辺を変形して $|z-(4+3i)|^2 = 9$ となるので，点 $4+3i$ を中心とする半径3の円を表す。ここで，複素数 z に対応する複素数平面上の点をPとすると，$|z| = \mathrm{OP}$ である。これが最小となるのは，図1のように3点O，P，Cが一直線になるときであるので，$z = \dfrac{2}{5}(4+3i) = \dfrac{8}{5} + \dfrac{6}{5}i$ と求まる。

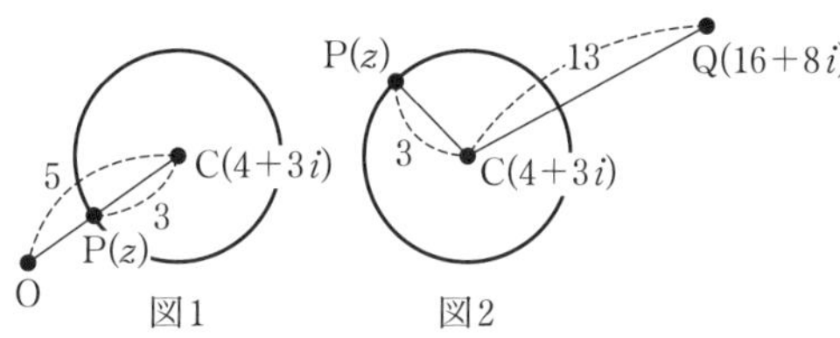

図1　　図2

同様に，図2のようにQ$(16+8i)$ とすると，$|z-(16+8i)| = \mathrm{PQ}$ である。CQ＝13で，3点Q，C，Pが一直線上になるときに注目して，PQの最大値は $13+3=16$，最小値は $13-3=10$ である。

III

(1)　$f'(x) = 6(e^{6x} - 2ae^{3x} + 1)$ より，$f'(x) = 0$ として整理すると，$\dfrac{e^{3x} + e^{-3x}}{2} = a$（左辺を $g(x)$ とする）となる。$f(x)$ が極大値と極小値をそれぞれ1つずつもつための条件は，$g(x) - a$ の符号が2回変わることである。

(2)　y 軸対称なグラフである $y = \dfrac{e^{3x}}{2}$ と $y = \dfrac{e^{-3x}}{2}$ を補助線として描き，$y = g(x)$ のグラフの概形を図示するのがよい。図から設問の情報をすべて得られる。

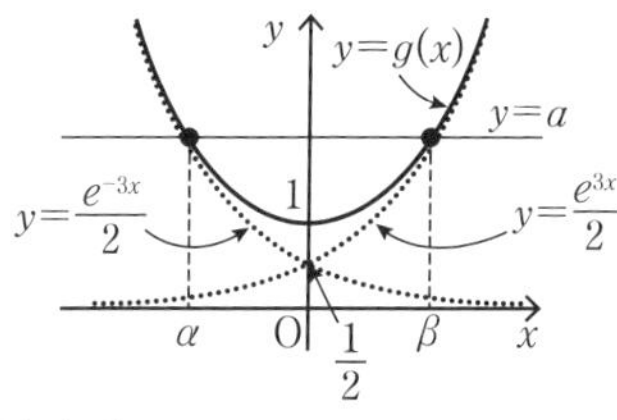

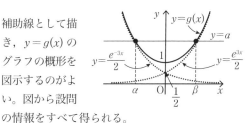

(3)(4)　(*)が成り立つための a の条件は $a>1$ であり，対称性より $\alpha+\beta=0$ と判断できる。このとき，$f(\alpha)+f(\beta) = (e^{6\alpha}+e^{6\beta}) - 4a(e^{3\alpha}+e^{3\beta}) + 6(\alpha+\beta)$…③であるが，$e^{3\alpha}+e^{3\beta} = t$ とおくと，③ $=(t^2-2) - 4at$ と表せる。①より，$t = 2a$ であるので，これを代入して，$f(\alpha)+f(\beta) = -4a^2-2$ と計算できる。

IV

$f(x) = x - \sqrt{2}\sin 2x$ とおき，各点を図のように設定する。

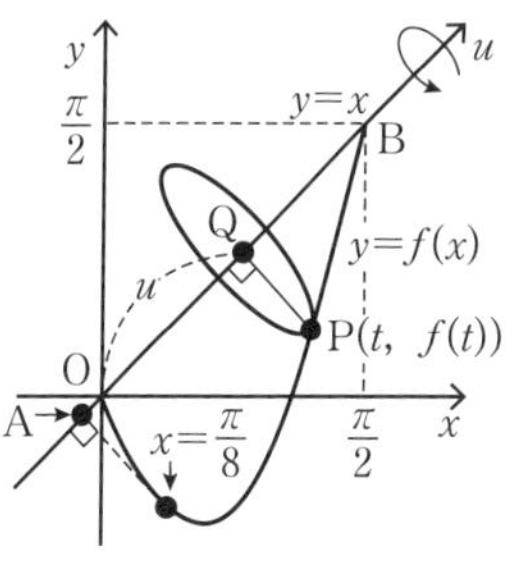

(1)　直線PQは傾き -1 で点P$(t, f(t))$ を通るので，その方程式は $y = -(x-t) + f(t)$ と表せる。これと $y = x$ を連立して，点Qの x 座標は $x = t - \dfrac{\sqrt{2}}{2}\sin 2t$ と求まるので，$u = \sqrt{2}\left(t - \dfrac{\sqrt{2}}{2}\sin 2t\right)$ である。したがって，$\dfrac{du}{dt} = \sqrt{2}(1-\sqrt{2}\cos 2t)$ となり，u の増減表は次のようになる。

t	0	…	$\frac{\pi}{8}$	…	$\frac{\pi}{2}$
du/dt		$-$	0	$+$	
u	0	↘	α	↗	β

(3)　$V = \pi\displaystyle\int_\alpha^\beta \mathrm{PQ}^2\,du - \pi\int_\alpha^0 \mathrm{PQ}^2\,du$ である。

u	$\alpha \to \beta$
t	$\frac{\pi}{8} \to \frac{\pi}{2}$

u	$\alpha \to 0$
t	$\frac{\pi}{8} \to 0$

より，$V = \pi\displaystyle\int_{\frac{\pi}{8}}^{\frac{\pi}{2}} \mathrm{PQ}^2\cdot\frac{du}{dt}dt - \pi\int_{\frac{\pi}{8}}^{0} \mathrm{PQ}^2\cdot\frac{du}{dt}dt$

$= \pi\displaystyle\int_0^{\frac{\pi}{2}} \mathrm{PQ}^2\cdot\frac{du}{dt}dt$ と変形できる。

第 9 回

正解

問		解答番号	正解
Ⅰ	問 1	AB	−4
		CDE	221
		FG	−2
		HIJKL	31817
		MN	−5
		O	1
		P	2
	問 2	Q	0
		RSTU	1420
		VWX	120
		Y	2
		Z	6
Ⅱ	問 1	ABC	242
		DEF	221
		G	0
		HIJ	323
		KLM	811
		N	8
	問 2	OPQR	1627
		S	6
		T	3
		UVW	092
		X	3
		YZ	06

問	解答番号	正解
Ⅲ	ABC	626
	D	2
	E	5
	F	0
	G	6
	HIJK	1264
	LMNOP	−3652
	Q	9
	R	6
	S	2
	T	0
	U	5
	V	3
	W	4
	X	4
Ⅳ	ABC	433
	D	1
	EF	31
	G	1
	HI	12
	JK	14
	L	2
	MN	−1
	OP	38
	QRS	222
	T	1
	U	0
	V	5
	WXYZ	9236

略解

Ⅰ　問 1

(1)　$t=(x+2)^2-4$ より，$t\geqq-4$ である。$y=(t-2a)^2-a^2+2a+1$（以下，$f(t)$ とおく。）と表せるので，軸 $t=2a$ と区間 $t\geqq-4$ に注目する。

(i)　$2a\leqq-4$ のとき，最小値は $f(-4)$ である。

(ii)　$-4<2a$ のとき，最小値は $f(2a)$ である。

(2)　$-5\leqq a\leqq 5$ のとき，m を a の関数として図に表す。m が最大となる a の値の候補は $a=-5,\ 1$ であるが，調べるとどちらも $m=2$ となるため，ともに最大となる。

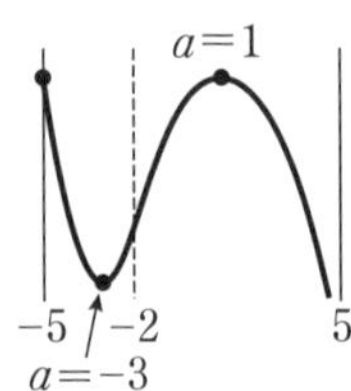

Ⅰ　問 2

本問は S，T が 3 文字ずつ，I が 2 文字と A，C で構成されるので，10 文字の並べ方は $\dfrac{10!}{3!3!2!}$ 通りある。以下の各小問の並べ方の数は，この総数で割れば対応する確率が求まる。

(1)　両端がともに S となるとき，中の 8 ヶ所は T が 3 文字，I が 2 文字と S，A，C からなるので，並べ方は $\dfrac{8!}{3!2!}$ 通りある。

(2)　STATIS をカタマリとみなして，残りの T，I，C，S と合わせて並べる並べ方は 5! 通りある。

(3)　S と T 合わせて 6 文字の位置は，10 ヶ所から 6 ヶ所を選び，すべての S がすべての T より左側に現れるのは，SSSTTT のみである。残りの I が 2 文字と A，C の並べ方も考えると，並べ方は ${}_{10}C_6\times\dfrac{4!}{2!}$ 通りある。

(4)　2 つの I をカタマリとみなして，残りの 8 文字と合わせて並べる並べ方は $\dfrac{9!}{3!3!}$ 通りある。

(5)　次の 2 つの場合がある。

(i)　S がちょうど 2 つ連続する。

(ii)　S が 3 つ連続する。

S 以外の 7 文字を 1 列に並べる並べ方は $\dfrac{7!}{3!2!}$ 通りあり，そのスキマおよび両端 8 ヶ所から，(i) の場合は 2 ヶ所選んで SS と S を並べればよく，(ii) の場合は 1 ヶ所選んで SSS を並べればよいから，並べ方は $\dfrac{7!}{3!2!}\times({}_8P_2+{}_8C_1)$ 通りある。

Ⅱ　**問1**

(1)　$(1+2)^n={}_nC_0+2{}_nC_1+2^2{}_nC_2+\cdots+2^n{}_nC_n$ より，$3^n>{}_nC_0+2{}_nC_1+2^2{}_nC_2=2n^2+1$ であることから，$0<\dfrac{n}{3^n}<\dfrac{n}{2n^2+1}$ が得られる。よって，はさみうちの原理より，$\displaystyle\lim_{n\to\infty}\frac{n}{3^n}=0$ となる。

(2)　$S_n=\dfrac{5}{3}+\dfrac{8}{3^2}+\dfrac{11}{3^3}+\cdots+\dfrac{3n+2}{3^n}$

$\dfrac{1}{3}S_n=\qquad\dfrac{5}{3^2}+\dfrac{8}{3^3}+\cdots+\dfrac{3n-1}{3^n}+\dfrac{3n+2}{3^{n+1}}$

この2式の辺々の差をとって，

$\dfrac{2}{3}S_n=\dfrac{5}{3}+\left(\dfrac{1}{3}+\dfrac{1}{3^2}+\cdots+\dfrac{1}{3^{n-1}}\right)-\dfrac{3n+2}{3^{n+1}}$

となる。右辺の計算を進めると，

$\dfrac{5}{3}+\dfrac{1}{2}\left(1-\dfrac{1}{3^{n-1}}\right)-\dfrac{(3n+2)}{3^{n+1}}$

となるので，空欄に合うように計算を進めて，

$\dfrac{13}{6}\left(1-\dfrac{1}{3^n}\right)-\dfrac{n}{3^n}$ となり，計算できる。

Ⅱ　**問2**

①，②より y を消去すると，$(a^2+1)x^2-6ax-27=0$ となる。判別式 $\dfrac{D}{4}=9a^2+27(a^2+1)>0$ なので，2解を α，β とおくと，解と係数の関係より，$\alpha+\beta=\dfrac{6a}{a^2+1}$ である。よって，$X=\dfrac{\alpha+\beta}{2}=\dfrac{3a}{a^2+1}$…③ と $Y=aX+3$…④ を得る。④より $X\neq0$ のとき，$a=\dfrac{Y-3}{X}$ となるので，③に代入して a を消去し整理すると，$X^2+Y^2-9Y+18=0$…⑤ となり，$X^2+\left(Y-\dfrac{9}{2}\right)^2=\dfrac{9}{4}$ と変形できる。ただし，$X\neq0$ であるので，⑤に $X=0$ を代入して得られる $(X,\ Y)=(0,\ 3)$，$(0,\ 6)$ は除く。結局 $X=0$ のとき，④より $Y=3$ であるので，点 $(0,\ 3)$ は軌跡に含み，点 $(0,\ 6)$ のみ除かれることになる。

Ⅲ

(ⅰ) $-2a<a-6$ のとき

(1)　$f'(x)=0$ とすると，$x=-2a$，$a-6$ である。この2数の大小関係で場合分けして計算すると，$f(-2a)=12a(a+6)(a-4)$，$f(a-6)=-3(a-6)^2(5a-2)$ である。

(2)　求める条件は，$a\neq2$ かつ $f(-2a)f(a-6)<0$ である。よって，$-36a(a+6)(a-4)(a-6)^2(5a-2)<0$…②を満たす a の値の範囲を考える。②の左辺の符号を判定する際，まず符号変化の起こる a の値 -6，0，$\dfrac{2}{5}$，4 を数直線上に書き込む。

続いて簡単に符号判定できる一例として，$a\to\infty$ のときに②の左辺は明らかに負となる。あとは符号を交互に変化させればよい。ただし，$a=6$ のときは(左辺)$=0$ となることと，条件より $a\neq2$ であることに注意する。

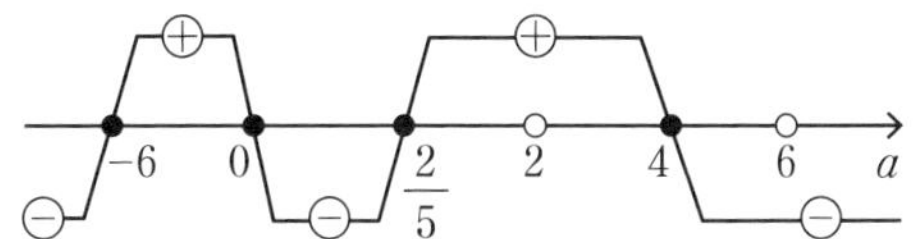

以上より，求める a の値の範囲は，$a<-6$，$0<a<\dfrac{2}{5}$，$4<a<6$，$6<a$ である。

Ⅳ

(1)　(ii)　$\tan2t=\dfrac{2u}{1-u^2}=-1$ より，$2t=\dfrac{3}{4}\pi$ すなわち $t=\dfrac{3}{8}\pi$ である。このとき，$f(t)=g(t)$ より，$\sin3t=3\cos t+k$ であるので，$k=\sin\dfrac{9}{8}\pi-3\cos\dfrac{3}{8}\pi$ である。$\sin^2\dfrac{9}{8}\pi=\dfrac{1-\cos\frac{9}{4}\pi}{2}=\dfrac{2-\sqrt{2}}{4}$ より，$\sin\dfrac{9}{8}\pi=-\sqrt{\dfrac{2-\sqrt{2}}{4}}$，同様にして，$\cos\dfrac{3}{8}\pi=\sqrt{\dfrac{2-\sqrt{2}}{4}}$ であるので，$k=-2\sqrt{2-\sqrt{2}}$ と求まる。

(2)　(1)より，$\dfrac{f'(x)-g'(x)}{3}=4\cos^3x-3\cos x+\sin x=\dfrac{(u-1)(u^2-2u-1)}{u^2+1}\cos x\,(u=\tan x)$ と変形できるので，$0<u<1$ において，$f'(x)-g'(x)>0$ とわかる。よって，下の増減表より，$0<x<\dfrac{\pi}{4}$ において $f(x)-g(x)<0$ である。また，$f(x)\geqq0$ である。以上より $V=\pi\displaystyle\int_0^{\frac{\pi}{4}}\left\{\left(g(x)\right)^2-\left(f(x)\right)^2\right\}dx$ として計算することができる。

x	0	$\cdots$	$\dfrac{\pi}{4}$
$f'(x)-g'(x)$		$+$	
$f(x)-g(x)$		↗	0

第10回

正解

問		解答番号	正解	問	解答番号	正解
I	問1	ABCDE	35353	III	AB	60
		F	7		CD	71
		GH	13		EFG	620
		I	8		HI	62
		JK	15		JK	38
	問2	LMNO	1516		LMNO	3122
		PQ	16		P	0
		RSTU	3281		Q	1
		VWXY	1127		RSTU	−333
II	問1	AB	17		VW	33
		C	3		XYZ	233
		DE	63	IV	A	1
		FG	34		B	1
		HIJ	372		CDE	924
		KL	31		FG	10
	問2	MN	56		H	1
		O	2		IJ	11
		P	8		K	2
		QR	23		LM	12
		ST	19		N	9
		UV	16		O	9
		WX	16		P	8
		YZ	12		Q	8
					RST	212
					U	0
					V	9
					W	9
					X	0

略解

I 問1

(1) $h(x)$ の最大値 $h(5)<0$ とすればよい。

(2) $h(x)$ の最小値 $h\left(\frac{5}{3}\right)<0$ とすればよい。

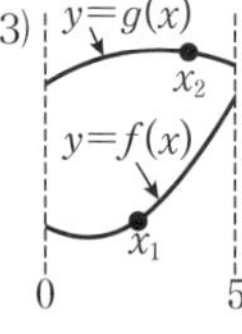

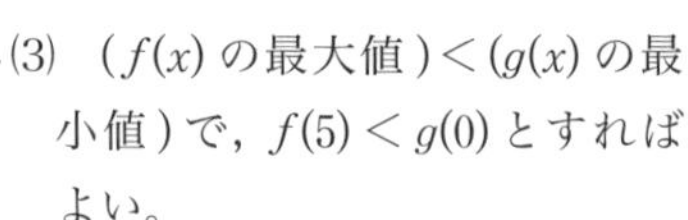

(3) ($f(x)$ の最大値) $<$ ($g(x)$ の最小値) で，$f(5)<g(0)$ とすればよい。

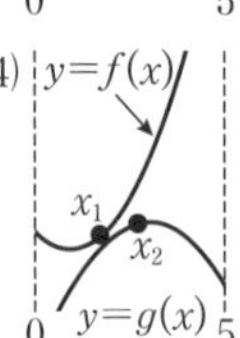

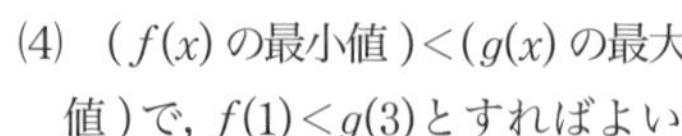

(4) ($f(x)$ の最小値) $<$ ($g(x)$ の最大値) で，$f(1)<g(3)$ とすればよい。

I 問2

1または3または5の目をA，2の目をB，4または6の目をCとする。

(1) Aが少なくとも1回出ればよいので，余事象で考えて，$1-\left(\frac{1}{2}\right)^4=\frac{15}{16}$ と求まる。

(2) Aが2回，Bが1回，Cが1回出ればよいので，$\frac{4!}{2!}\left(\frac{1}{2}\right)^2\cdot\frac{1}{6}\cdot\frac{1}{3}=\frac{1}{6}$ と求まる。

(3) Cが1回だけ出ればよいので，${}_4C_1\left(\frac{2}{3}\right)^3\cdot\frac{1}{3}=\frac{32}{81}$ と求まる。

(4) $a+b=4$ となるとき，Cが1回も出なければよいので，その確率は $\left(\frac{2}{3}\right)^4=\frac{16}{81}$ である。余事象を考えればよい。

II 問1

(1) 余弦定理を用いて $\cos\theta=\frac{7^2+3^2-8^2}{2\cdot7\cdot3}=-\frac{1}{7}$ である。よって，$\vec{a}\cdot\vec{b}=|\vec{a}||\vec{b}|\cos\theta=-3$ である。

(2) $\triangle OAB=\frac{1}{2}\sqrt{|\vec{a}|^2|\vec{b}|^2-(\vec{a}\cdot\vec{b})^2}=6\sqrt{3}$ である。

(3) ①の両辺を4で割って展開すると，

$|\vec{p}|^2-\frac{\vec{a}+3\vec{b}}{2}\cdot\vec{p}+\frac{3}{4}\vec{a}\cdot\vec{b}=0$ となるので，整理すると，$\left|\vec{p}-\frac{\vec{a}+3\vec{b}}{4}\right|=\frac{\sqrt{37}}{2}$ となる。

II 問2

(1) $|\alpha|=3$ より，$\overline{\alpha}=\frac{9}{\alpha}$ である。これを代入して $\alpha+\frac{9}{\alpha}=-3\sqrt{3}$ となり，整理して解くと，

$\alpha=\dfrac{-3\sqrt{3}\pm 3i}{2}$ と求まる。

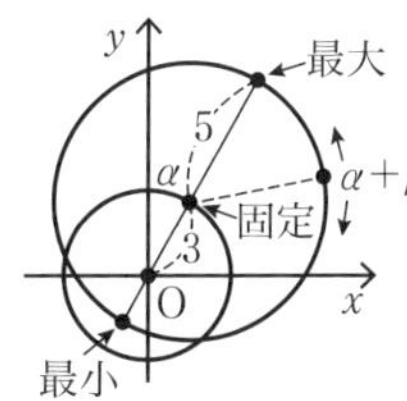

(2) 複素数平面上で点αは，原点Oを中心とする半径3の円周上にある。α を固定すると，点 $\alpha+\beta$ は点 α を中心とする半径5の円周上にある。$|\alpha+\beta|$ は原点Oと点 $\alpha+\beta$ 間の距離を表すので，その最大値は $3+5=8$，最小値は $5-3=2$ となる。

(3) $|\alpha-\beta|=7$ より，$|\alpha|^2-\alpha\overline{\beta}-\overline{\alpha}\beta+|\beta|^2=49$…① であり，$\alpha\overline{\beta}+\overline{\alpha}\beta=-15$…②となる。$|\beta|=5$ より，$\overline{\beta}=\dfrac{25}{\beta}$ であるので，②に代入して解くと，$\dfrac{\beta}{\alpha}=\dfrac{-5\pm 5\sqrt{3}i}{6}$ を得る。また，①，②より，$|\alpha|^2+\alpha\overline{\beta}+\overline{\alpha}\beta+|\beta|^2=19$ となり，$|\alpha+\beta|=\sqrt{19}$ と求まる。

(5) 点 $\mathrm{C}(\gamma)$，点 $\mathrm{P}(\gamma+\alpha)$，点 $\mathrm{Q}(\gamma+\alpha-\beta)$ とすると，点Pは点Cを中心とする半径3の円周上にあり，点Qは点Pを中心とする半径5の円周上にある（図1）。

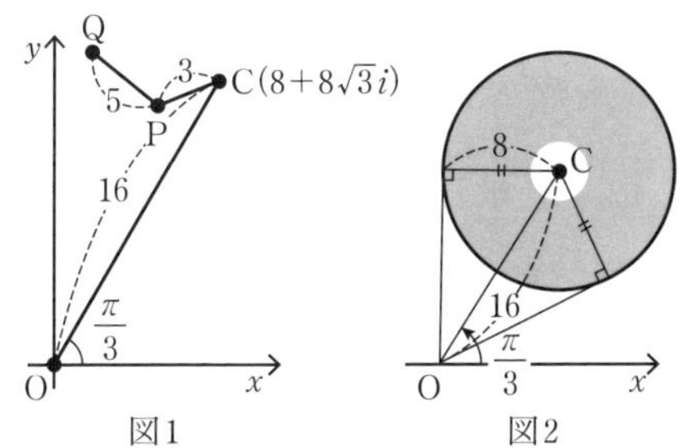

図1　図2

よって，点Qは点Cを中心とする半径8の円と半径2の円で囲まれた図形の内部および周上（図2の打点部）を動く。この図から，偏角のとり得る値の範囲を求められる。

Ⅲ

(1) 楕円 $\dfrac{x^2}{a^2}+\dfrac{y^2}{b^2}=1$ 上の点は $(a\cos\theta,\ b\sin\theta)$ と表せる（A～Dに関わる）。楕円 C_2 と C_3 は短半径を比較して $2:2\sin\theta=1:\sin\theta$ であるので，長半径も同じ比率で考えて，C_3 の長半径は $3\sin\theta$ とわかる（E～Iに関わる）。

(2) $S=3\sin\theta(\cos\theta+\sin\theta)$ であるので，半角の公式を用いて変形し，その後合成すればよい。

(3) $T=6\sin\theta\cos\theta(\cos\theta-\sin\theta)$ であるので，誘導にあるように $t=\cos\theta-\sin\theta$ とおいて計算を進めるとよい。

Ⅳ

(1) $I_{n+1}=\displaystyle\int_1^e 1\cdot(\log x)^{n+1}dx=\Big[x(\log x)^{n+1}\Big]_1^e-(n+1)\int_1^e(\log x)^n dx=e-(n+1)I_n$ として計算できる。この漸化式に $n=0,\ 1,\ 2,\ 3$ と代入していけば，I_4 が求まる。

(2) 本問は I_n の極限値を求める問題であるが，I_n の積分計算を実行することが困難であるため，はさみうちの原理を利用する。まずは極限値の予想をしよう。$1\leqq x\leqq e$ において $0\leqq\log x\leqq 1$ であるから，I_n は曲線 $y=(\log x)^n$ と x 軸と直線 $x=e$ で囲まれる部分の面積であると言える。$1\leqq x<e$ のとき $0\leqq\log x<1$ より，$n\to\infty$ のとき，$(\log x)^n\to 0$ となるため，I_n の極限値も0に収束すると予想できる（図1）。

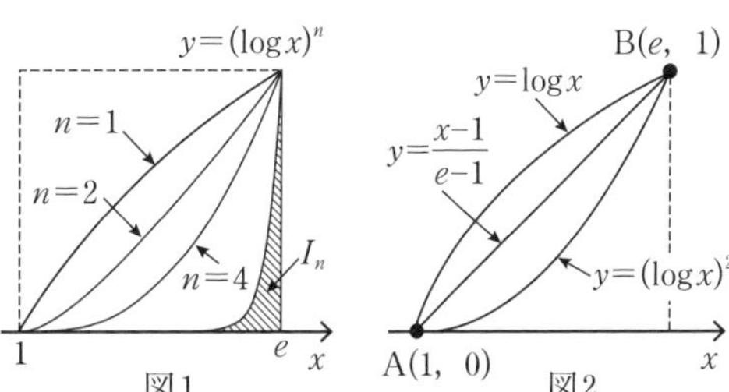

図1　図2

続いて，はさみうちの不等式を用意する。本問で積分計算が困難なのは，$(\log x)^n$ が複雑な関数の組み合わせであることが原因である。$\log x$ を，より簡単な定数や1次関数ではさみたい。

本来ならば，両端A，Bを結ぶ直線ABを用いて，$\log x\leqq\dfrac{x-1}{e-1}$ としたいところだが，$y=\log x$ のグラフは上に凸であるため，この不等式は成立しない（F～Jに関わる）（図2）。

そこで $(\log x)^2$ をカタマリとみる。$y=(\log x)^2$ なら $1<x<e$ で下に凸なので，$(\log x)^2<\dfrac{x-1}{e-1}$ が成立する（K～Qに関わる）。

よって，$(\log x)^n<\left(\dfrac{x-1}{e-1}\right)^{\frac{n}{2}}$ となり，両辺を1から e まで積分することではさみうちの不等式が得られ，計算できるようになる（R～Wに関わる）。

付録

難問に挑戦！

V

m は $m>1$ を満たす実数とする。2つの関数

$$f(x)=\frac{\sin x}{\sqrt{m^2+1}+m\cos x}$$

$$g(x)=\frac{m\cos x}{\sqrt{m^2+1}+\sin x}$$

のグラフをそれぞれ C_1，C_2 とする。C_1 と C_2 は $0\leqq x\leqq 2\pi$ の範囲で3つの共有点をもち，それらの x 座標をそれぞれ α，β，$\gamma\ (\alpha<\beta<\gamma)$ とする。$\alpha\leqq x\leqq\gamma$ において，C_1 と C_2 で囲まれた部分の面積を S とおく。次の問いに答えなさい。

(1) 次の文中の $\boxed{\textsf{A}}$ ～ $\boxed{\textsf{S}}$ には，下の選択肢⓪～⑨の中から適するものを選びなさい。

2つの関数の差は

$$f(x)-g(x)=\frac{\left\{\sin x-\left(\boxed{\textsf{A}}\right)\cos x\right\}\left\{\boxed{\textsf{B}}+\sin x+\left(\boxed{\textsf{C}}\right)\cos x\right\}}{(\sqrt{m^2+1}+m\cos x)(\sqrt{m^2+1}+\sin x)}$$

と変形できる。$0\leqq x\leqq 2\pi$ において，方程式 $f(x)-g(x)=0$ の解の大小を考えると，α，β，γ の正弦と余弦はそれぞれ

$$\sin\alpha=\frac{\boxed{\textsf{D}}}{\boxed{\textsf{E}}},\quad \cos\alpha=\frac{\boxed{\textsf{F}}}{\boxed{\textsf{G}}},$$

$$\sin\beta=-\frac{\boxed{\textsf{H}}}{\boxed{\textsf{I}}},\quad \cos\beta=-\frac{\boxed{\textsf{J}}}{\boxed{\textsf{K}}},$$

$$\sin\gamma=-\frac{\boxed{\textsf{L}}}{\boxed{\textsf{M}}},\quad \cos\gamma=-\frac{\boxed{\textsf{N}}}{\boxed{\textsf{O}}}$$

と表される。

したがって，求める面積 S は

$$S=\int_\alpha^\gamma|f(x)-g(x)|\,dx=\frac{\boxed{\textsf{P}}}{\boxed{\textsf{Q}}}\log\frac{\boxed{\textsf{R}}}{\boxed{\textsf{S}}}$$

と表される。

⓪ m	① 1	② m^2+1	③ $\sqrt{m^2+1}$	④ m^2-1
⑤ $\sqrt{m^2-1}$	⑥ $m+1$	⑦ $m-1$	⑧ m^2+m+1	⑨ m^2-m+1

（V は次ページに続く）

(2)　次の文中の $\boxed{\text{X}}$ には，下の選択肢⓪～⑧の中から適するものを選びなさい。また，その他の $\boxed{}$ には適する数を入れなさい。

(1)の結果より，$t=\dfrac{\boxed{\text{P}}}{\boxed{\text{Q}}}$ とおくと，t のとり得る値の範囲は $t>\boxed{\text{T}}$ である。

このとき，S は t を用いて

$$S=t\log\left(\boxed{\text{U}}+\frac{\boxed{\text{V}}}{t-\boxed{\text{W}}}\right)$$

と表せる。

よって

$$\lim_{m\to\infty}S=\boxed{\text{X}}$$

である。

⓪ 0　　① 1　　② 2　　③ 3　　④ 4

⑤ $\dfrac{1}{2}$　　⑥ $\dfrac{1}{3}$　　⑦ $\dfrac{1}{4}$　　⑧ ∞

正解と詳しい解説は次のページ

「難問に挑戦！」の正解と詳しい解説

正解

問	解答番号	正解
V	ABC	030
	DE	03
	FG	13
	HI	13
	JK	03
	LM	03
	NO	13
	PQRS	2089
	T	2
	UVW	121
	X	2

解説

(1)　まず，$0 \leqq x \leqq 2\pi$ において，$f(x)=g(x)$ を解く。条件より

($f(x)-g(x)$ を通分したときの分子)

$$= \sin x\left(\sqrt{m^2+1}+\sin x\right) - m\cos x\left(\sqrt{m^2+1}+m\cos x\right)$$
$$= \sqrt{m^2+1}\sin x + \sin^2 x - m\sqrt{m^2+1}\cos x - m^2\cos^2 x$$
$$= \sqrt{m^2+1}(\sin x - m\cos x) + (\sin x + m\cos x)(\sin x - m\cos x)$$
$$= (\sin x - m\cos x)\left(\sqrt{m^2+1}+\sin x + m\cos x\right)$$

(i)　$\sin x - m\cos x = 0$ から，$\tan x = m$ であり

$$\sin x = \pm\frac{m}{\sqrt{m^2+1}},\quad \cos x = \pm\frac{1}{\sqrt{m^2+1}}$$

(複号同順)

である。この 2 つの解はそれぞれ $0<x<\frac{\pi}{2}$, $\pi<x<\frac{3}{2}\pi$ の範囲にある。

(ii)　$\sqrt{m^2+1}+\sin x + m\cos x = 0$ について，$\sin x + m\cos x = \sqrt{m^2+1}\sin(x+\theta)$ と表せる。ただし，

$$\sin\theta = \frac{m}{\sqrt{m^2+1}},\ \cos\theta = \frac{1}{\sqrt{m^2+1}}$$

である。よって，$\sin(x+\theta) = -1$ を解けばよい。

ここで，$0<\theta<\frac{\pi}{2}$ であるから，$x+\theta = \frac{3}{2}\pi$, すなわち，$x = \frac{3}{2}\pi - \theta$ を得る。よって

$$\sin x = \sin\left(\frac{3}{2}\pi - \theta\right) = -\cos\theta = -\frac{1}{\sqrt{m^2+1}}$$
$$\cos x = \cos\left(\frac{3}{2}\pi - \theta\right) = -\sin\theta = -\frac{m}{\sqrt{m^2+1}}$$

である。この解は $\pi<x<\frac{3}{2}\pi$ の範囲にある。

次に，3 つの解の大小関係を調べる。

明らかに，$0<x<\frac{\pi}{2}$ の範囲にある解は α であり，その正弦と余弦は

$$\sin\alpha = \frac{m}{\sqrt{m^2+1}},\quad \cos\alpha = \frac{1}{\sqrt{m^2+1}}$$

と表される。

$\pi<x<\frac{3}{2}\pi$ の範囲にある 2 つの解の大小を比較するためには，$m>1$ であることに注意して，

$-\frac{m}{\sqrt{m^2+1}} < -\frac{1}{\sqrt{m^2+1}}$ である。

$\sin x$ が $\pi<x<\frac{3}{2}\pi$ において単調に減少するから，正弦値の大きい解はより小さくなる。よって，β, γ が決まり，それらの正弦と余弦はそれぞれ

$$\sin\beta = -\frac{1}{\sqrt{m^2+1}},\quad \cos\beta = -\frac{m}{\sqrt{m^2+1}},$$
$$\sin\gamma = -\frac{m}{\sqrt{m^2+1}},\quad \cos\gamma = -\frac{1}{\sqrt{m^2+1}}$$

と表される。

続いて，$\alpha<x<\gamma$ において，$f(x)$ と $g(x)$ の大小関係を調べる。

$f(x)$, $g(x)$ の分母がつねに正であり，$x \neq \beta$ のとき，$\sqrt{m^2+1}+\sin x + m\cos x > 0$ であるから，$f(x)-g(x)$ の符号は $\sin x - m\cos x$ の符号に一致する。

よって，$\alpha<x<\beta$, $\beta<x<\gamma$ のとき，ともに $f(x)>g(x)$ である。

したがって，求める面積 S は

$$S = \int_\alpha^\gamma |f(x)-g(x)|\,dx = \int_\alpha^\gamma f(x)dx - \int_\alpha^\gamma g(x)dx$$

である。

ここで

$$\int_\alpha^\gamma f(x)dx$$

$$=\int_\alpha^\gamma \frac{(-\cos x)'}{\sqrt{m^2+1}+m\cos x}dx$$

$$\underset{\cos x=u}{=\!=}-\int_{\cos\alpha}^{\cos\gamma}\frac{du}{\sqrt{m^2+1}+mu}$$

$$=-\left[\frac{1}{m}\log\left(\sqrt{m^2+1}+mu\right)\right]_{\frac{1}{\sqrt{m^2+1}}}^{-\frac{1}{\sqrt{m^2+1}}}$$

$$=-\frac{1}{m}\left\{\log\left(\sqrt{m^2+1}-\frac{m}{\sqrt{m^2+1}}\right)\right.$$

$$\left.-\log\left(\sqrt{m^2+1}+\frac{m}{\sqrt{m^2+1}}\right)\right\}$$

$$=-\frac{1}{m}\log\frac{m^2+1-m}{m^2+1+m}=\frac{1}{m}\log\frac{m^2+m+1}{m^2-m+1}$$

$$\int_\alpha^\gamma g(x)dx$$

$$=\int_\alpha^\gamma \frac{m(\sin x)'}{\sqrt{m^2+1}+\sin x}dx$$

$$\underset{\sin x=v}{=\!=}m\int_{\sin\alpha}^{\sin\gamma}\frac{dv}{\sqrt{m^2+1}+v}$$

$$=m\left[\log\left(\sqrt{m^2+1}+v\right)\right]_{\frac{m}{\sqrt{m^2+1}}}^{-\frac{m}{\sqrt{m^2+1}}}$$

$$=m\left\{\log\left(\sqrt{m^2+1}-\frac{m}{\sqrt{m^2+1}}\right)\right.$$

$$\left.-\log\left(\sqrt{m^2+1}+\frac{m}{\sqrt{m^2+1}}\right)\right\}$$

$$=m\log\frac{m^2+1-m}{m^2+1+m}=-m\log\frac{m^2+m+1}{m^2-m+1}$$

である。

よって

$$S=\left(\frac{1}{m}+m\right)\log\frac{m^2+m+1}{m^2-m+1}$$

$$=\frac{m^2+1}{m}\log\frac{m^2+m+1}{m^2-m+1}$$

である。

(2) $t=\frac{m^2+1}{m}$ とおくと，相加平均・相乗平均の不等式により，$t=m+\frac{1}{m}\geqq 2\sqrt{m\cdot\frac{1}{m}}=2$ である。$m>1$ であるから，t のとり得る値の範囲は $t>2$ である。

また

$$\frac{m^2+m+1}{m^2-m+1}=\frac{m+1+\frac{1}{m}}{m-1+\frac{1}{m}}=\frac{t+1}{t-1}=1+\frac{2}{t-1}$$

であるから，S は t を用いて $S=t\log\left(1+\frac{2}{t-1}\right)$ と表せる。よって

$$\lim_{m\to\infty}S=\lim_{t\to\infty}\log\left(1+\frac{1}{\frac{t-1}{2}}\right)^t$$

$$\underset{\frac{t-1}{2}=s}{=\!=}\lim_{s\to\infty}\log\left(1+\frac{1}{s}\right)^{2s+1}$$

$$=\lim_{s\to\infty}\log\left\{\left(1+\frac{1}{s}\right)^s\right\}^{\frac{2s+1}{s}}$$

である。

ここで，$\lim_{s\to\infty}\left(1+\frac{1}{s}\right)^s=e$，$\lim_{s\to\infty}\frac{2s+1}{s}=2$ であるから，$\lim_{m\to\infty}S=\log e^2=2$ である。

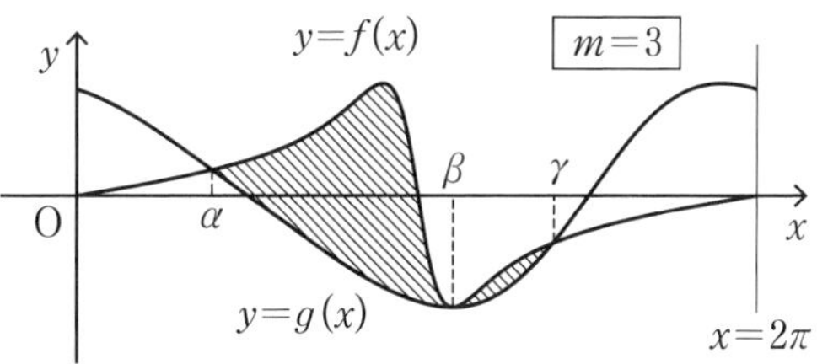

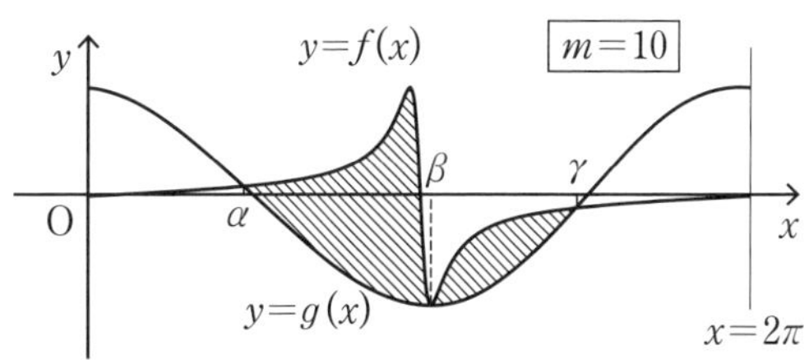

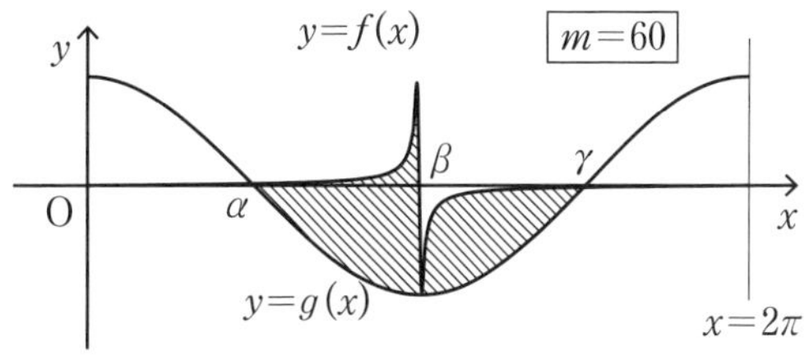

数学　解答用紙

【表　FRONT SIDE】

名　前 Name	

【よい例】

解答コース Course	
コース1	(コース2)
◯	●

【悪い例】

解答コース Course	
コース1	コース2
◯	◯

解答コース Course	
(コース1)	(コース2)
●	●

注意事項　Note

1. 必ず鉛筆（HB）で記入してください。
2. この解答用紙を汚したり折ったりしてはいけません。
3. マークは下のよい例のように◯わく内を完全にぬりつぶしてください。

よい例	悪い例				
●	⊗	✓	◎	◉	◯

4. 訂正する場合はプラスチック消しゴムで完全に消し、消しくずを残してはいけません。
5. 所定の欄以外には何も書いてはいけません。
6. Ⅲ、Ⅳ、Ⅴの解答欄は裏面にあります。
7. この解答用紙はすべて機械で処理しますので、以上の1から6までが守られていないと採点されません。

解答コース Course	
コース1	コース2
◯	◯

← 解答するコースを一つ◯で囲み，その下のマーク欄をマークしてください。

Ⅰ

解答記号	解答欄 Answer										
	−	0	1	2	3	4	5	6	7	8	9
A	⊖	⓪	①	②	③	④	⑤	⑥	⑦	⑧	⑨
B	⊖	⓪	①	②	③	④	⑤	⑥	⑦	⑧	⑨
C	⊖	⓪	①	②	③	④	⑤	⑥	⑦	⑧	⑨
D	⊖	⓪	①	②	③	④	⑤	⑥	⑦	⑧	⑨
E	⊖	⓪	①	②	③	④	⑤	⑥	⑦	⑧	⑨
F	⊖	⓪	①	②	③	④	⑤	⑥	⑦	⑧	⑨
G	⊖	⓪	①	②	③	④	⑤	⑥	⑦	⑧	⑨
H	⊖	⓪	①	②	③	④	⑤	⑥	⑦	⑧	⑨
I	⊖	⓪	①	②	③	④	⑤	⑥	⑦	⑧	⑨
J	⊖	⓪	①	②	③	④	⑤	⑥	⑦	⑧	⑨
K	⊖	⓪	①	②	③	④	⑤	⑥	⑦	⑧	⑨
L	⊖	⓪	①	②	③	④	⑤	⑥	⑦	⑧	⑨
M	⊖	⓪	①	②	③	④	⑤	⑥	⑦	⑧	⑨
N	⊖	⓪	①	②	③	④	⑤	⑥	⑦	⑧	⑨
O	⊖	⓪	①	②	③	④	⑤	⑥	⑦	⑧	⑨
P	⊖	⓪	①	②	③	④	⑤	⑥	⑦	⑧	⑨
Q	⊖	⓪	①	②	③	④	⑤	⑥	⑦	⑧	⑨
R	⊖	⓪	①	②	③	④	⑤	⑥	⑦	⑧	⑨
S	⊖	⓪	①	②	③	④	⑤	⑥	⑦	⑧	⑨
T	⊖	⓪	①	②	③	④	⑤	⑥	⑦	⑧	⑨
U	⊖	⓪	①	②	③	④	⑤	⑥	⑦	⑧	⑨
V	⊖	⓪	①	②	③	④	⑤	⑥	⑦	⑧	⑨
W	⊖	⓪	①	②	③	④	⑤	⑥	⑦	⑧	⑨
X	⊖	⓪	①	②	③	④	⑤	⑥	⑦	⑧	⑨
Y	⊖	⓪	①	②	③	④	⑤	⑥	⑦	⑧	⑨
Z	⊖	⓪	①	②	③	④	⑤	⑥	⑦	⑧	⑨

Ⅱ

解答記号	解答欄 Answer										
	−	0	1	2	3	4	5	6	7	8	9
A	⊖	⓪	①	②	③	④	⑤	⑥	⑦	⑧	⑨
B	⊖	⓪	①	②	③	④	⑤	⑥	⑦	⑧	⑨
C	⊖	⓪	①	②	③	④	⑤	⑥	⑦	⑧	⑨
D	⊖	⓪	①	②	③	④	⑤	⑥	⑦	⑧	⑨
E	⊖	⓪	①	②	③	④	⑤	⑥	⑦	⑧	⑨
F	⊖	⓪	①	②	③	④	⑤	⑥	⑦	⑧	⑨
G	⊖	⓪	①	②	③	④	⑤	⑥	⑦	⑧	⑨
H	⊖	⓪	①	②	③	④	⑤	⑥	⑦	⑧	⑨
I	⊖	⓪	①	②	③	④	⑤	⑥	⑦	⑧	⑨
J	⊖	⓪	①	②	③	④	⑤	⑥	⑦	⑧	⑨
K	⊖	⓪	①	②	③	④	⑤	⑥	⑦	⑧	⑨
L	⊖	⓪	①	②	③	④	⑤	⑥	⑦	⑧	⑨
M	⊖	⓪	①	②	③	④	⑤	⑥	⑦	⑧	⑨
N	⊖	⓪	①	②	③	④	⑤	⑥	⑦	⑧	⑨
O	⊖	⓪	①	②	③	④	⑤	⑥	⑦	⑧	⑨
P	⊖	⓪	①	②	③	④	⑤	⑥	⑦	⑧	⑨
Q	⊖	⓪	①	②	③	④	⑤	⑥	⑦	⑧	⑨
R	⊖	⓪	①	②	③	④	⑤	⑥	⑦	⑧	⑨
S	⊖	⓪	①	②	③	④	⑤	⑥	⑦	⑧	⑨
T	⊖	⓪	①	②	③	④	⑤	⑥	⑦	⑧	⑨
U	⊖	⓪	①	②	③	④	⑤	⑥	⑦	⑧	⑨
V	⊖	⓪	①	②	③	④	⑤	⑥	⑦	⑧	⑨
W	⊖	⓪	①	②	③	④	⑤	⑥	⑦	⑧	⑨
X	⊖	⓪	①	②	③	④	⑤	⑥	⑦	⑧	⑨
Y	⊖	⓪	①	②	③	④	⑤	⑥	⑦	⑧	⑨
Z	⊖	⓪	①	②	③	④	⑤	⑥	⑦	⑧	⑨

数学　解答用紙

【裏　REVERSE SIDE】

Ⅲ

解答記号	解答欄 Answer										
	−	0	1	2	3	4	5	6	7	8	9
A	⊖	⓪	①	②	③	④	⑤	⑥	⑦	⑧	⑨
B	⊖	⓪	①	②	③	④	⑤	⑥	⑦	⑧	⑨
C	⊖	⓪	①	②	③	④	⑤	⑥	⑦	⑧	⑨
D	⊖	⓪	①	②	③	④	⑤	⑥	⑦	⑧	⑨
E	⊖	⓪	①	②	③	④	⑤	⑥	⑦	⑧	⑨
F	⊖	⓪	①	②	③	④	⑤	⑥	⑦	⑧	⑨
G	⊖	⓪	①	②	③	④	⑤	⑥	⑦	⑧	⑨
H	⊖	⓪	①	②	③	④	⑤	⑥	⑦	⑧	⑨
I	⊖	⓪	①	②	③	④	⑤	⑥	⑦	⑧	⑨
J	⊖	⓪	①	②	③	④	⑤	⑥	⑦	⑧	⑨
K	⊖	⓪	①	②	③	④	⑤	⑥	⑦	⑧	⑨
L	⊖	⓪	①	②	③	④	⑤	⑥	⑦	⑧	⑨
M	⊖	⓪	①	②	③	④	⑤	⑥	⑦	⑧	⑨
N	⊖	⓪	①	②	③	④	⑤	⑥	⑦	⑧	⑨
O	⊖	⓪	①	②	③	④	⑤	⑥	⑦	⑧	⑨
P	⊖	⓪	①	②	③	④	⑤	⑥	⑦	⑧	⑨
Q	⊖	⓪	①	②	③	④	⑤	⑥	⑦	⑧	⑨
R	⊖	⓪	①	②	③	④	⑤	⑥	⑦	⑧	⑨
S	⊖	⓪	①	②	③	④	⑤	⑥	⑦	⑧	⑨
T	⊖	⓪	①	②	③	④	⑤	⑥	⑦	⑧	⑨
U	⊖	⓪	①	②	③	④	⑤	⑥	⑦	⑧	⑨
V	⊖	⓪	①	②	③	④	⑤	⑥	⑦	⑧	⑨
W	⊖	⓪	①	②	③	④	⑤	⑥	⑦	⑧	⑨
X	⊖	⓪	①	②	③	④	⑤	⑥	⑦	⑧	⑨
Y	⊖	⓪	①	②	③	④	⑤	⑥	⑦	⑧	⑨
Z	⊖	⓪	①	②	③	④	⑤	⑥	⑦	⑧	⑨

Ⅳ

解答記号	解答欄 Answer										
	−	0	1	2	3	4	5	6	7	8	9
A	⊖	⓪	①	②	③	④	⑤	⑥	⑦	⑧	⑨
B	⊖	⓪	①	②	③	④	⑤	⑥	⑦	⑧	⑨
C	⊖	⓪	①	②	③	④	⑤	⑥	⑦	⑧	⑨
D	⊖	⓪	①	②	③	④	⑤	⑥	⑦	⑧	⑨
E	⊖	⓪	①	②	③	④	⑤	⑥	⑦	⑧	⑨
F	⊖	⓪	①	②	③	④	⑤	⑥	⑦	⑧	⑨
G	⊖	⓪	①	②	③	④	⑤	⑥	⑦	⑧	⑨
H	⊖	⓪	①	②	③	④	⑤	⑥	⑦	⑧	⑨
I	⊖	⓪	①	②	③	④	⑤	⑥	⑦	⑧	⑨
J	⊖	⓪	①	②	③	④	⑤	⑥	⑦	⑧	⑨
K	⊖	⓪	①	②	③	④	⑤	⑥	⑦	⑧	⑨
L	⊖	⓪	①	②	③	④	⑤	⑥	⑦	⑧	⑨
M	⊖	⓪	①	②	③	④	⑤	⑥	⑦	⑧	⑨
N	⊖	⓪	①	②	③	④	⑤	⑥	⑦	⑧	⑨
O	⊖	⓪	①	②	③	④	⑤	⑥	⑦	⑧	⑨
P	⊖	⓪	①	②	③	④	⑤	⑥	⑦	⑧	⑨
Q	⊖	⓪	①	②	③	④	⑤	⑥	⑦	⑧	⑨
R	⊖	⓪	①	②	③	④	⑤	⑥	⑦	⑧	⑨
S	⊖	⓪	①	②	③	④	⑤	⑥	⑦	⑧	⑨
T	⊖	⓪	①	②	③	④	⑤	⑥	⑦	⑧	⑨
U	⊖	⓪	①	②	③	④	⑤	⑥	⑦	⑧	⑨
V	⊖	⓪	①	②	③	④	⑤	⑥	⑦	⑧	⑨
W	⊖	⓪	①	②	③	④	⑤	⑥	⑦	⑧	⑨
X	⊖	⓪	①	②	③	④	⑤	⑥	⑦	⑧	⑨
Y	⊖	⓪	①	②	③	④	⑤	⑥	⑦	⑧	⑨
Z	⊖	⓪	①	②	③	④	⑤	⑥	⑦	⑧	⑨

Ⅴ

解答記号	解答欄 Answer										
	−	0	1	2	3	4	5	6	7	8	9
A	⊖	⓪	①	②	③	④	⑤	⑥	⑦	⑧	⑨
B	⊖	⓪	①	②	③	④	⑤	⑥	⑦	⑧	⑨
C	⊖	⓪	①	②	③	④	⑤	⑥	⑦	⑧	⑨
D	⊖	⓪	①	②	③	④	⑤	⑥	⑦	⑧	⑨
E	⊖	⓪	①	②	③	④	⑤	⑥	⑦	⑧	⑨
F	⊖	⓪	①	②	③	④	⑤	⑥	⑦	⑧	⑨
G	⊖	⓪	①	②	③	④	⑤	⑥	⑦	⑧	⑨
H	⊖	⓪	①	②	③	④	⑤	⑥	⑦	⑧	⑨
I	⊖	⓪	①	②	③	④	⑤	⑥	⑦	⑧	⑨
J	⊖	⓪	①	②	③	④	⑤	⑥	⑦	⑧	⑨
K	⊖	⓪	①	②	③	④	⑤	⑥	⑦	⑧	⑨
L	⊖	⓪	①	②	③	④	⑤	⑥	⑦	⑧	⑨
M	⊖	⓪	①	②	③	④	⑤	⑥	⑦	⑧	⑨
N	⊖	⓪	①	②	③	④	⑤	⑥	⑦	⑧	⑨
O	⊖	⓪	①	②	③	④	⑤	⑥	⑦	⑧	⑨
P	⊖	⓪	①	②	③	④	⑤	⑥	⑦	⑧	⑨
Q	⊖	⓪	①	②	③	④	⑤	⑥	⑦	⑧	⑨
R	⊖	⓪	①	②	③	④	⑤	⑥	⑦	⑧	⑨
S	⊖	⓪	①	②	③	④	⑤	⑥	⑦	⑧	⑨
T	⊖	⓪	①	②	③	④	⑤	⑥	⑦	⑧	⑨
U	⊖	⓪	①	②	③	④	⑤	⑥	⑦	⑧	⑨
V	⊖	⓪	①	②	③	④	⑤	⑥	⑦	⑧	⑨
W	⊖	⓪	①	②	③	④	⑤	⑥	⑦	⑧	⑨
X	⊖	⓪	①	②	③	④	⑤	⑥	⑦	⑧	⑨
Y	⊖	⓪	①	②	③	④	⑤	⑥	⑦	⑧	⑨
Z	⊖	⓪	①	②	③	④	⑤	⑥	⑦	⑧	⑨

行知学園教育叢書
日本留学試験(EJU)対策　模擬試験問題集　数学コース2

2024年 5 月 27 日　初版第 1 刷発行

編著者　行知学園株式会社
発行者　楊 舸
発行所　行知学園株式会社
〒169-0073
東京都新宿区百人町2-8-15　ダヴィンチ北新宿 5F
TEL：03-5937-2809　FAX：03-5937-2834
https://coach-pub.jp/
https://coach-ac.co.jp/（日本語）
https://www.koyo-coach.com/（中国語）
編集協力　王超，劉旭
カバーデザイン　clip
印刷所　シナノ書籍印刷株式会社

Printed in Japan
ISBN 978-4-909025-48-7　C2081